Kohlhammer

Der Autor

Dr. med. Thomas Girsberger ist Facharzt für Kinder- und Jugendpsychiatrie. Er arbeitet seit über 30 Jahren in eigener Praxis in der Nähe von Basel, widmet sich mittlerweile ausschließlich Abklärungen und Beratungen bei Autismus-Spektrum-Störungen (Kinder und Jugendliche). Sein erfolgreiches Buch »Die vielen Farben des Autismus« erschien bereits in 6. Auflage.

Thomas Girsberger

Mit Autismus den Alltag meistern

Praktische Hilfen für Kinder und
Jugendliche im Autismus-Spektrum

2. Auflage

Verlag W. Kohlhammer

Dieses Werk einschließlich aller seiner Teile ist urheberrechtlich geschützt. Jede Verwendung außerhalb der engen Grenzen des Urheberrechts ist ohne Zustimmung des Verlags unzulässig und strafbar. Das gilt insbesondere für Vervielfältigungen, Übersetzungen, Mikroverfilmungen und für die Einspeicherung und Verarbeitung in elektronischen Systemen.

Pharmakologische Daten, d. h. u. a. Angaben von Medikamenten, ihren Dosierungen und Applikationen, verändern sich fortlaufend durch klinische Erfahrung, pharmakologische Forschung und Änderung von Produktionsverfahren. Verlag und Autoren haben große Sorgfalt darauf gelegt, dass alle in diesem Buch gemachten Angaben dem derzeitigen Wissensstand entsprechen. Da jedoch die Medizin als Wissenschaft ständig im Fluss ist, da menschliche Irrtümer und Druckfehler nie völlig auszuschließen sind, können Verlag und Autoren hierfür jedoch keine Gewähr und Haftung übernehmen. Jeder Benutzer ist daher dringend angehalten, die gemachten Angaben, insbesondere in Hinsicht auf Arzneimittelnamen, enthaltene Wirkstoffe, spezifische Anwendungsbereiche und Dosierungen anhand des Medikamentenbeipackzettels und der entsprechenden Fachinformationen zu überprüfen und in eigener Verantwortung im Bereich der Patientenversorgung zu handeln. Aufgrund der Auswahl häufig angewendeter Arzneimittel besteht kein Anspruch auf Vollständigkeit.

Die Wiedergabe von Warenbezeichnungen, Handelsnamen und sonstigen Kennzeichen in diesem Buch berechtigt nicht zu der Annahme, dass diese von jedermann frei benutzt werden dürfen. Vielmehr kann es sich auch dann um eingetragene Warenzeichen oder sonstige geschützte Kennzeichen handeln, wenn sie nicht eigens als solche gekennzeichnet sind.

Es konnten nicht alle Rechtsinhaber von Abbildungen ermittelt werden. Sollte dem Verlag gegenüber der Nachweis der Rechtsinhaberschaft geführt werden, wird das branchenübliche Honorar nachträglich gezahlt.

Dieses Werk enthält Hinweise/Links zu externen Websites Dritter, auf deren Inhalt der Verlag keinen Einfluss hat und die der Haftung der jeweiligen Seitenanbieter oder -betreiber unterliegen. Zum Zeitpunkt der Verlinkung wurden die externen Websites auf mögliche Rechtsverstöße überprüft und dabei keine Rechtsverletzung festgestellt. Ohne konkrete Hinweise auf eine solche Rechtsverletzung ist eine permanente inhaltliche Kontrolle der verlinkten Seiten nicht zumutbar. Sollten jedoch Rechtsverletzungen bekannt werden, werden die betroffenen externen Links soweit möglich unverzüglich entfernt.

2. Auflage 2023

Alle Rechte vorbehalten
© W. Kohlhammer GmbH, Stuttgart
Gesamtherstellung: W. Kohlhammer GmbH, Stuttgart

Die Illustrationen (Strichzeichnungen) stammen von Pauline Calame.

Print:
ISBN 978-3-17-043568-1

E-Book-Formate:
pdf: ISBN 978-3-17-043569-8
epub: ISBN 978-3-17-043570-4

Inhalt

Vorwort 11

Einleitung 13
    Therapie oder Pädagogik? 13
    Therapie bei Komorbiditäten 13
    Psychische Komorbiditäten 14
    Psychosomatische Komorbiditäten 14
    Körperliche Begleiterkrankungen 14
    Die Eltern als »Therapeuten« 15
    Die Familie als Mini-Rechtsstaat 15

Zum Aufbau und Gebrauch dieses Buches 16
    Rezepte 16
    Gebrauchsanweisungen 17
    Werkzeuge 17
    Informationen 17
    Übungen 17
    Gesetze 18

Besonderheiten in der Erziehung eines autistischen Kindes 19
    Fehlende Akquieszenz 19
    Blindheit für soziale Hierarchien 20

Was ist Autismus?

Antworten für Fachleute 27

Antworten für Erwachsene 29

Antworten für Kinder/Jugendliche 30

Antworten für »Fremde« 31

»Der sechste Sinn« – Antworten für Mitschüler 32

Nutzen von Diagnosen 33

»Wer bin ich?« oder »Ich bin besonders!« 34

Umgang mit Konflikt- und Stresssituationen

Das Blaulicht 37

Arbeit mit Signalkärtchen 38

Streit unter Geschwistern 39

Ruhig bleiben für Eltern 40

Möglichkeiten zur Beruhigung 42

Umgang mit gewalttätigem Verhalten – Grundsätze 43

Verbotene und erlaubte Wörter 44

Löschen 45

Unaufgeregter Umgang mit Konflikten 47

Meltdowns und Shutdowns 48

Probleme sind dazu da, um sie zu lösen! 49

Gehänselt werden 50

Die Notfalltasche für Ronja 51

Alltägliches

Alltagsregeln für Patrick in drei Teilen –
Teil 1: Der Vertrag mit Patrick 55

Teil 2: Rucksack-Liste 56

Teil 3: Haus-Regeln 57

Gemeinsame Benutzung der Küche 58

Zimmer aufräumen 59

Auferlegte Aufgaben (»Ämtli«) korrekt ausführen	60
Familien-Organisation – die morgendliche To-Do-Liste	61
Familien-Organisation – die Moetjes	62
Ins Bett gehen (Kinder)	63
Ins Bett gehen (Jugendliche)	64
Gutenachtgeschichte	65
Gemeinsame Ausflüge	66
Gesetz – die Badewanne	67
Familiengesetzbuch der Familie Meier-Müller	68
Die Familie Schweizer außer Haus	70
Probleme rund ums Essen	72
Ratschläge für Eltern betreffend dem Thema Essen	74
Gesetz: Gesunde Ernährung	75
Gesetz: Zähne putzen	77
Unser Bildschirmzeit-Familiengesetz	78
Die Wohnung verlassen	79
Wetter und passende Kleidung – der »Wettermax«	80
Tagesstruktur: Der Mami-Streifen und der Ronja-Streifen	81
Rezept gegen Fliegen und Wespen	82

Grundsätzliches

Das Familien-Gesetzbuch	85
Das Familien-Geld	86
Schmerzensgeld für Geschwister	87

Eltern als Team	88
Vom Sinn des Sparens	89
Zwei Wege – zwei Erziehungsstile	90
Zwei Wege – Du kannst wählen!	91
Ein Verstärkersystem für den Alltag – der Pointy©	92
Strukturierung der Zeit – Arbeit mit dem TimeTimer®	94
Akustische Werkzeuge	96
Erwachsen werden – eine Checkliste	97

Umgang mit Emotionen

Was tun bei Panik?	101
Wenn Dirk mal bedrückt oder gestresst ist – Teil A	102
Wenn Dirk mal bedrückt oder gestresst ist – Teil B	103
Wie gehe ich mit Wut um?	105
Ich bin traurig	107
Umgang mit »giftigen« (negativen) Gedanken	109
Was mache ich, wenn mir langweilig ist?	111
Das Langeweile-Gesetz für Zoë	113
Umgang mit Wut	114
Das Rote Dings bzw. den Wilden Kerl zähmen	115

Kommunikation

Miteinander reden – Teil A	119
Miteinander reden – Teil B	120

Der Text-Editor	121
Kontakte knüpfen	122
Ein Gespräch aufrechterhalten	123
Kommunikation – schriftlich statt mündlich!	124
Die 5 : 1 – Regel	125

Rund um das Thema Schule

Ein Spektrum von schulischen Optionen	129
Gesetz Nr. 7: Regelmäßiger Schulbesuch	131
Warum muss ich Hausaufgaben machen?	132
Hybrid-Schooling – ein Plädoyer	133

Übungen zu Körper und Geist

Wie kann ich mich entspannen?	137
Achtsamkeitstraining	139
Der Body-Scan	140
Achtsamkeitsübung für Eltern	141
Achtsamkeitsübung für Jugendliche	143
Achtsamkeit für Kinder (1)	144
Achtsamkeit für Kinder (2) – ein Tier beobachten	145
Der Zauberstab	146

Digitale Hilfsmittel

Familienorganisation: Notion – The all-in-one-Workspace	149
Programmieren für Kinder	151

Apps für schulisches Lernen 152

Therapie für den Alltag

Das Schlaf-Projekt für Flip................................. 155

Lerngeschichten 156

Der Diebstahl – eine Lerngeschichte 157

Gebrauchsanweisungen von Hans Asperger 162

Zum Abschluss

Nachwort und Ausblick 167

Zusatzmaterial zum Download......................... 169

Literatur 170

Vorwort

Das hier vorliegende Buch kann als Fortsetzung und Ergänzung meiner ersten Publikation im Kohlhammer Verlag betrachtet werden. »Die vielen Farben des Autismus« erschien erstmals im Jahre 2014 und erlebt nun bereits die 6. Auflage. Es ist eine breit gefächerte Grundlagen-Schrift, in der den praktischen Hilfen im Alltag im Kapitel »Therapie und Beratung« zwar ein gewisser Raum gewidmet ist, aber doch ein recht bescheidener. Wenn es um alltagspraktische Hilfen geht, dann stehen in diesem ersten Buch im entsprechenden Kapitel die Aspekte der Visualisierung und Strukturierung ganz im Vordergrund.

Thomas Girsberger
Die vielen Farben des Autismus
Spektrum, Ursachen, Diagnose, Therapie und Beratung
6. überarbeitete Auflage 2022
ISBN 978-3-17-041397-9

Das ist zwar nach wie vor ein wichtiger Pfeiler einer Autismus-spezifischen Pädagogik. Auch meine Ratgeber-Broschüre »So-macht-me-das« legt den Schwerpunkt auf diesen Aspekt. Deshalb, und weil es eine Fülle von Literatur (vgl. vor allem das Konzept TEACCH) dazu gibt, soll im vorliegenden Buch ein anderer Schwerpunkt gesetzt werden. Es geht darum, Eltern und Pädagogen verständlich zu machen, dass Autismus-spezifische Pädagogik vor allem auch ein anderes – nämlich »unpersönliches« – Vorgehen erfordert und auf die eigene – »unaufgeregte« – Grundhaltung großen Wert gelegt werden muss.

Wenn also im vorliegenden Band zwar einiges, aber nicht sehr viel, über Tages- und Wochenpläne, visualisierte Handlungsabläufe und sonstige Kommunikationshilfen zu finden ist, dann nicht deshalb, weil ich diese Elemente nicht wichtig finde. Der Grund ist, wie gesagt, dass diese hilfreichen Strategien in vielen anderen Publikationen und Methoden zu finden sind.

»Mit Autismus den Alltag meistern« geht von einem Ansatz aus, den ich im Titel eines anderen Buches, welches im Kohlhammer Verlag erschienen ist, sehr treffend gefunden habe: »Eltern als Therapeuten von Kindern mit Autismus-Spektrum-Störungen« (vergriffen, ausschließlich in elektronischer Form lieferbar). Die Zielgruppe jenes Ratgebers sind allerdings eher Eltern von Kindern mit Frühkindlichem Autismus. Mein Buch hingegen richtet sich sozusagen an den anderen Teil des autistischen Spektrums. Dort habe ich überwiegend meine eigenen Erfahrungen gesammelt. Zudem ist es rein zahlenmäßig der größere Teil des Spektrums.

Wenn Kinder mit einer Autismus-Spektrum-Diagnose eine Therapie im engeren Sinn (gemeint ist Psychotherapie) benötigen, dann ist das wegen einer zusätzlichen sogenannten komorbiden Störung (z. B. Angststörung, Depression) und nicht wegen des zugrunde liegenden Autismus. Dieser kann nur im Alltag, über die Eltern und Pädagogen[1], therapeutisch begleitet und unterstützt werden. Und wie ich schon andernorts betont habe, ist dabei das Wort »Heilpädagogik« wohl zutreffender als der Begriff »Therapie«.

> **Zusatzmaterial zum Download**
>
> Den Link, unter dem das Zusatzmaterial verfügbar ist, finden Sie im ▶ Kap. »Zusatzmaterial zum Download« am Ende dieses Buchs.
>
> Dort finden Sie die »Rezepte«, »Gesetze« und »Gebrauchsanweisungen« dieses Buches, die in der Regel einer Personalisierung bedürfen, in digitaler Form. So können Sie auf einfache Weise diese Vorlagen bearbeiten und eigene personalisierte Exemplare herstellen.

---

1 Zugunsten einer lesefreundlichen Darstellung wird in der Regel die neutrale bzw. männliche Form verwendet. Diese gilt für alle Geschlechtsformen (weiblich, männlich, divers). Bei Berufen, die mehrheitlich von Frauen ausgeübt werden, wie z. B. psychotherapeutische Tätigkeiten, wird jedoch die weibliche Form verwendet.

Einleitung

Therapie oder Pädagogik?

Nachdem mein erstes Buch (»Die vielen Farben des Autismus«) nun bereits in der 6. Auflage erschienen ist, bat mich der Verlag, eine Fortsetzung zu schreiben, mit dem Schwerpunkt »Therapie«. Allerdings ist Autismus keine Krankheit und muss/kann daher auch nicht im klassischen Sinne therapiert werden! Wenn es also um Autismus und seine Variationen (Farben) geht, dann möchte ich das Wort »Therapie« lieber durch »Heil- oder Sonderpädagogik« ersetzen.

Die wirksamste »Therapie« ist meines Erachtens, dass Eltern (und andere wichtige Bezugspersonen) dazu angeleitet werden, Sonderpädagogen zu werden. Dies deshalb, weil die Erziehung eines Kindes mit einer Autismus-Spektrum-Störung (ASS) sich ganz wesentlich von der »normalen« Erziehung unterscheidet, welche nicht gelernt werden muss, sondern einfach dem gesunden Menschenverstand folgt. Wenn die Eltern sich in diesem Sinne zu Sonderpädagogen weiterbilden, dann können sie ihr Kind optimal unterstützen und viele unnötige Konflikte vermeiden.

Mit dem älter werden des betroffenen Kindes wird Sonderpädagogik aber schrittweise auch zu Selbsthilfe bzw. zu einem Lernprozess, wo Jugendliche und Erwachsene mit Autismus-Spektrum-Störungen lernen, mit ihren Besonderheiten umzugehen und sich hilfreiche Strategien anzueignen.

Therapie bei Komorbiditäten

Autismus ist wie gesagt keine Krankheit, aber die dauernden Belastungen des Alltags und der damit verbundene Stress sind mit dem Risiko verbunden, Krankheiten zu entwickeln, sogenannte Komorbiditäten. Diese können psychischer, psychosomatischer oder rein körperlicher Natur sein. In solchen Fällen wird es tatsächlich notwendig, gezielt Fachpersonen einzubeziehen, welche eine solche Folgekrankheit behandeln können. Es wird sich dabei nicht um Autismus-Spezialisten handeln können, aber es ist von Vorteil, wenn man für die jeweilige Behandlung Psychotherapeutinnen bzw. Ärzte findet, welche über Vorerfahrung mit Autismus verfügen oder zumindest bereit sind, sich damit zu befassen.

Psychische Komorbiditäten

Häufige Folgekrankheiten psychischer Natur sind: Angststörungen, Depressionen, Zwangsstörungen usw. Eine solche psychische Komorbidität liegt vor, wenn die entsprechende Symptomatik nicht nur vorübergehender Natur ist. Es kommt nämlich immer wieder vor, dass der Alltagsstress vorübergehend zu Symptomen, wie oben erwähnt, führt, dass sie aber während einer Phase von Entlastung und Erholung wieder abklingen.

Werden Angst, depressive Symptome oder Zwänge zu einem längerdauernden Problem mit einer entsprechenden Eigendynamik (Vermeidungsverhalten, Rückzug), dann ist tatsächlich psychotherapeutische Hilfe notwendig. Es ist nach wie vor schwierig, therapeutische Angebote zu finden, welche auf Autismus spezialisiert sind. Es sollte aber sichergestellt werden, dass der/die Betreffenden wenigstens die Bereitschaft zeigen, sich über Autismus zu informieren, um die damit verbundenen Besonderheiten besser zu verstehen.

Psychosomatische Komorbiditäten

Unter diese Kategorie fallen:

1. chronische Magen-Darm-Beschwerden mit Bauchweh, Übelkeit, Durchfall oder Verstopfung,
2. chronische Kopfschmerzen,
3. Essstörungen bis zu Magersucht,
4. chronische Schlafstörungen.

Selbstverständlich müssen bei solchen psychosomatischen Beschwerden andere körperliche Ursachen abgeklärt und ausgeschlossen werden.

Körperliche Begleiterkrankungen

In diese Kategorie gehören so unterschiedliche Krankheiten wie: Epilepsie, Neurodermitis, Asthma, div. Allergien u. a.

Alle aufgezählten Komorbiditäten bedürfen in der Regel einer fachgerechten Behandlung/Therapie und machen den Einbezug entsprechender Fachkräfte notwendig. Es ist wie schon erwähnt wünschenswert, dass diese beigezogenen Fachpersonen Erfahrung im Umgang mit Autismus-Spektrum-Störungen haben.

Die Eltern als »Therapeuten«

Abgesehen von den oben erwähnten sogenannten Komorbiditäten sind aber, wie schon erwähnt, die Eltern des betroffenen Kindes die wichtigsten Akteure, an die sich dieses Buch in erster Linie richtet.

Viele Eltern eines autistischen Kindes machen wiederholt die Erfahrung, dass dessen herausforderndes Verhalten zu Hause deutlich stärker auftritt als andernorts. Dies führt nicht selten dazu, dass z. B. Lehrpersonen in der Schule es kaum glauben können, wenn die Eltern von den großen Schwierigkeiten zu Hause berichten. Denn oft steht dazu als Kontrast ein überangepasstes Verhalten in der Schule. Warum ist das so?

Es gibt zwar mehrere Faktoren, die hier eine Rolle spielen, aber der wichtigste ist der Faktor »Gefühle«. Die Beziehung zwischen Eltern und Kind ist in hohem Maße emotional geprägt und nirgendwo sonst gibt es eine solche Achterbahn von Freude, Liebe, Ärger, Frust, Wut usw., wie in der Familie. Das liegt in der menschlichen Natur und ist völlig in Ordnung.

Aber leider ist es so, dass Menschen mit einer autistischen Veranlagung mit eben diesen Gefühlen und deren Regulierung große Schwierigkeiten haben. Deshalb wird in diesem Buch großen Wert darauf gelegt, im erzieherischen Alltag starke Gefühle zu vermeiden, vor allem in Konfliktsituationen. Zudem werden auch nützliche Hilfsmittel vorgestellt, um bei Aufkommen von Stress und Wut Gegensteuer geben und sich selbst wie auch das Kind wieder beruhigen zu können. Nur in Ruhe haben erzieherische Bemühungen überhaupt eine Chance auf Erfolg.

Die in diesem Buch gesammelten »Gebrauchsanweisungen«, »Gesetze« und »Rezepte« stellen jene Instrumente dar, die es eben erlauben, nicht primär mit Emotionen zu erziehen, sondern mit einer »sachlichen« Vorgehensweise.

Die Familie als Mini-Rechtsstaat

Um diese sachliche Vorgehensweise möglichst verständlich zu machen, ist mir der Vergleich zu unserem Rechtsstaat und dessen Bürgern eingefallen. Wenn wir Erwachsenen uns vorstellen, wie wir vom Staat und dessen Institutionen behandelt werden möchten, dann können wir als Analogie das autistische Kind nehmen, das so von den Eltern behandelt werden möchte: mit klaren Strukturen, klaren Gesetzen und Regeln – und selbstverständlich alles schriftlich-verbindlich, nachvollziehbar, und nicht willkürlich. Mehr dazu findet sich unter den Stichworten »Familien-Gesetzbuch«, »Familien-Rat« und »Familien-Geld« (▶ Grundsätzliches).

Zum Aufbau und Gebrauch dieses Buches

Dieses Buch soll so nahe wie möglich am Alltag der Betroffenen und ihren Familien ansetzen und Hilfen anbieten. Es hat deshalb eine ähnliche Struktur wie ein *Kochbuch*.

Es enthält »Rezepte«, »Gebrauchsanweisungen«, »Werkzeuge«, »Informationen«, »Gesetze« sowie »Übungen«. Alle diese unterschiedlichen Elemente kommen zu verschiedenen Themen zur Anwendung und sind inhaltlich nach Kapiteln gegliedert.

Es entspricht der Natur des »Kochbuches«, dass so weit wie möglich jedes Element auf einer einzigen Seite in sich geschlossen behandelt wird. Bei vielen Seiten kann es nämlich Sinn machen, diese herauszukopieren und im Alltag zu gebrauchen, wie Rezepte eben. Diese »Rezepte« und »Gebrauchsanweisungen« können aber auch über das Internet (Zusatzmaterial) heruntergeladen und durch die Betroffenen und deren Bezugspersonen verändert/individualisiert werden.

Es ist ein Buch, nicht zum Durchlesen von Anfang bis Ende, sondern für den Gebrauch im Alltag. Es kann an beliebiger Stelle aufgeschlagen und angewendet werden. Zur besseren Übersichtlichkeit werden die verschiedenen Elemente mit Piktogrammen an der Seite klar gekennzeichnet.

Es ist zudem möglich, »Rezepte« nicht in gedruckter Form zu gebrauchen, sondern mithilfe eines Tablets oder Smartphones. Die Benutzung dieser mobilen elektronischen Hilfsmittel ist allerdings nicht »obligat«, sondern es sind die Betroffenen und ihre Familien, welche darüber entscheiden, ob sie lieber mit Papier oder mit Bildschirm arbeiten. Aber es ist natürlich kein Geheimnis, dass gerade ASS-Betroffene durch den Einbezug elektronischer Hilfsmittel profitieren und zu besserer Mitarbeit gewonnen werden können.

Rezepte

 Als »Rezepte« werden in diesem Buch schriftliche/visuelle Anleitungen bezeichnet, welche von den Betroffenen als Vorlage/Handlungsanweisung in die Hand genommen und angewendet werden können. Je nachdem ist es sinnvoll, solche »Rezepte« in ein handliches Format zu verkleinern und zusätzlich zu laminieren, damit sie im Alltag eine längere Lebensdauer haben.

Gebrauchsanweisungen

»Gebrauchsanweisungen« sind schriftliche Anleitungen, welche sich an die Bezugspersonen richten und ihnen dabei helfen, das Kind in Problemsituationen zu begleiten oder hilfreich auf sein herausforderndes Verhalten zu reagieren.

Werkzeuge

Werkzeuge sind vorwiegend Hilfsmittel mit »Hardware«-Charakter. Die wichtigsten Beispiele sind der TimeTimer® für das Zeitmanagement und der Pointy© als spielerische Variante eines Verstärkersystems.

Informationen

Je nach Thema ist es auch hilfreich, Texte mit reinem Informationscharakter einzuflechten. Diese Texte enthalten Hintergrundinformationen, Erläuterungen, Literaturhinweise, Internet-Links usw. »Informationen« können vom Eine-Seite-Prinzip abweichen und sich über mehrere Seiten erstrecken.

Übungen

Übungen sind Anleitungen, welche ihre Anwendung »im Stillen« finden. Ein typisches Bespiel sind verschiedene, in diesem Buch beschriebene Entspannungsübungen.

Gesetze

§ Gesetze bilden, wenn in einer Familie mehrere davon erarbeitet und beschlossen wurden, zusammen das Familien-Gesetzbuch. Sie gehen von der Idee aus, dass Kinder mit ASS oft wie Erwachsene denken und argumentieren. Und so, wie wir Erwachsenen Wert darauflegen, dass alles, was wir als Bürger befolgen müssen, in Gesetzen geregelt ist, so enthält das Familien-Gesetzbuch alle wichtigen Regeln, welche das Kind befolgen sollte.

Besonderheiten in der Erziehung eines autistischen Kindes

Ausgangspunkt und entscheidend für das Verständnis der Autismus-spezifischen Erziehung ist das sperrige Fremdwort Akquieszenz. Was bedeutet das?

Fehlende Akquieszenz

Nachdem ich mich schon viele Jahre mit Autismus beschäftigt hatte, dachte ich irgendwann, ich hätte nun alles einigermaßen Wichtige zur Kenntnis genommen und verstanden. Aber ich habe mich nie wirklich gefragt, warum denn autistische Kinder so große Mühe haben, sich in einen sozialen Rahmen – insbesondere die Familie – einzufügen, und im Speziellen auch, direkte Aufforderungen zu befolgen. (Beim PDA-Syndrom ist diese Abneigung, Aufforderungen zu befolgen, ja besonders ausgeprägt.) Aber warum?

Der Hinweis auf den bei Autismus vorhandenen Egozentrismus ist nicht falsch, aber ungenügend. Vor allem würde man damit eine Charaktereigenschaft bezeichnen, die nicht wirklich eine Erklärung liefert. Schließlich war es der schwedische Autor Bo Hejlskov Elvén (»Herausforderndes Veralten vermeiden«), der mich auf den Begriff »Akquieszenz« aufmerksam machte und damit ein regelrechtes Aha-Erlebnis auslöste!

Akquieszenz ist eine genetisch basierte Eigenschaft aller höheren Tiere, welche in Gruppen oder Herden leben. Wenn in einer bedeutsamen Situation (z. B. Gefahr) ein Mitglied der Gruppe zur Flucht auffordert oder diese ergreift, dann folgen die anderen nach – ohne lange zu überlegen oder zu diskutieren. Man denke z. B. auch an einen Steinzeitmenschen, welcher in der Ferne ein Mammut entdeckt und sofort alle Beteiligten auffordert, ihm in eine bestimmte Richtung zu folgen. Da ist Kooperation gefragt, ohne Wenn und Aber. »Akquieszenz ist eine wichtige soziale Fähigkeit. Wenn alle an einem Strang ziehen, klappt alles besser, und im evolutionären Kontext steigt die Überlebensrate an. Wir wissen heute, dass Akquieszenz normal verteilt ist und eine genetische Komponente in der normalen Gruppe hat, aber wir wissen auch, dass viele Menschen mit geistigen oder neuropsychiatrischen Störungen nur über deutlich reduzierte Akquieszenz verfügen. Das bedeutet, dass sie es wesentlich schwerer finden als andere, zuzustimmen oder Ja zu sagen.« (Elvén 2015, S. 44)

Bei Autismus ist diese Akquieszenz ganz besonders beeinträchtigt oder fehlend, ganz im Gegensatz zu sonstigen, v. a. kognitiven Fähigkeiten. Ich denke, es ist daher enorm wichtig, das lästige und ewige »Nein-Sagen« bzw. Sich-widersetzen von autistischen Menschen nicht einfach als Dickköpfigkeit oder Widerspenstigkeit zu verstehen, sondern als Teil einer sozialen Beeinträchtigung! Fehlende Akquieszenz bedeutet, nicht spontan zustimmen zu können, so wie andere es selbstverständlich tun. Akquieszenz wird wissenschaftlich auch als »Inhaltsunabhängige Zustimmungstendenz« definiert: zustimmen, ohne lange zu überlegen, im Vertrauen darauf, dass es sinnvoll ist. Es kommt also gar nicht so sehr darauf an, *was* vorgeschlagen wird; und deshalb ist das autistische »Nein-Sagen« auch nicht wirklich eine Opposition gegen etwas Bestimmtes! Das Nein ist weder konkret noch persönlich gemeint, es ist Ausdruck der Unfähigkeit, sofort und spontan zuzustimmen. Und so betrachtet ergibt sich auch schon ein Hinweis auf den Umgang damit: der/die Betreffende braucht mehr Zeit, um schließlich zustimmen zu können!

Das heißt also, dass ich als Erwachsener bzw. Auftraggeber auf das obligate »Nein« nicht in irgendeiner Weise ärgerlich, ungeduldig, gestresst usw. reagieren sollte, sondern gelassen. Denn nur so wird die Zeit, die ich dem Kind gebe, auch die Chance beinhalten, dass – mit Verzögerung – doch noch eine Zustimmung erfolgt. Diese Zeit kann durch freundliche Erläuterung, durch Nachfragen, oder einfach durch freundliches Wiederholen der Anforderung gewährt und genutzt werden.

Blindheit für soziale Hierarchien

Es kommt nun noch eine zweite Beeinträchtigung hinzu, welche die Erziehung von autistischen Kindern zu einer besonderen Herausforderung macht: die Blindheit für soziale Hierarchien!

Konkret bedeutet dies, dass ein Kind mit ASS stark dazu neigt, alle Menschen – egal ob Kinder, Jugendliche oder Erwachsene – hierarchisch auf der gleichen Stufe anzusiedeln. Das führt dazu, dass viele natürliche Regeln und natürliche Hierarchien hinterfragt werden, so nach der Art: »Wieso soll ich früher zu Bett gehen als meine Eltern?«, »Warum soll ich Aufforderungen von Erwachsenen selbstverständlich befolgen?«, »Wieso soll ich mir von der Lehrerin ständig Dinge befehlen lassen?«, »Warum darf mein älterer Bruder einen bestimmten Film sehen und ich nicht?«, ... die Liste könnte ohne Ende fortgesetzt werden. So wie die bereits beschriebene Akquieszenz ist auch das Erkennen von sozialen Hierarchien eine beim Durchschnittsmenschen vorhandene angeborene Eigenschaft, welche unbewusst und intuitiv das Handeln im sozialen Kontext beeinflusst und prägt. Das heißt nun aber nicht, dass Menschen mit ASS diese sozialen Aspekte (Notwendigkeit der Zusammenarbeit, Anerkennen von Hierarchien) überhaupt nicht verstehen können. Aber es bedeutet, dass sie nicht einfach als gegeben vorausgesetzt werden können. Sie müssen immer wieder erläutert und logisch erklärt werden.

Aus der Erkenntnis, dass insbesondere bei Menschen mit Autismus Akquieszenz und Verständnis für soziale Hierarchien fehlen bzw. stark beeinträchtigt sind, können nun eine ganze Reihe von pädagogischen Empfehlungen abgeleitet werden:

Keine direkten Aufforderungen geben

Im Alltag kommen ständig kleine spontane Aufforderungen vor wie »Kannst Du mir schnell helfen …?«, »Würdest Du jetzt endlich die Meerschweinchen füttern!«, »Zeit für ins Bett, zieh den Pyjama an!« usw. Im Umgang mit neurotypischen Kindern ist dies völlig normal, was nicht unbedingt heißt, dass die Aufforderungen sofort befolgt werden. Vielleicht braucht es eine, zweite, deutlichere Aufforderung …

Aber genau dieser Ablauf ist bei autistischen Kindern oft nicht zielführend: etwas sagen, und bei Nicht-befolgen nochmals deutlicher sagen. Das ganze vorliegende Buch soll Eltern helfen, anders vorzugehen, wenn möglich ohne direkte Aufforderungen. »Laut Tagesplan ist jetzt Zeit fürs Bett!« ist keine Aufforderung, sondern eine Erinnerung. Ob diese auch sofort befolgt wird, ist nicht entscheidend. Wenn man vor allem mit direkten Aufforderungen funktioniert und eine solche direkte Aufforderung dann nicht befolgt wird, kommt man rasch ins Dilemma der »mangelnden Autorität« oder des »Nicht-ernst-genommen-werden«. Viele Erziehungsratgeber, welche sich an Eltern von neurotypischen Kindern richten, warnen vor dem Verlust von Autorität. Es ist ein Graus, der nicht akzeptiert werden kann. Mit dem Prinzip des eher unpersönlichen Vorgehens und des Vermeidens von direkten Aufforderungen wird dieses Dilemma vermieden. Dies ist deshalb wichtig, weil aus dem Beharren vonseiten des Elternteils ein Machtkampf und eine Eskalation zu entstehen droht, welche nicht zielführend ist.

Schriftliche Abmachungen, Regeln formulieren

Das heißt aber keineswegs, dass ständiges Nachgeben angesagt und alles egal ist – im Gegenteil. Alles was wichtig ist, wird in Abmachungen schriftlich festgehalten. Und es ist im Voraus geregelt, was das Einhalten bzw. Nicht-einhalten von Abmachungen (»Gesetzen«) für Folgen hat. Diese Gesetze werden dann im »Familien-Gesetzbuch« festgehalten und gesammelt.

Unpersönliche Formulierungen

»Ein anderer pädagogischer Kunstgriff (ist), dass man nämlich die pädagogischen Maßnahmen nicht als persönliche Anforderungen, sondern als objektives, unpersönliches Gesetz kundgibt.«

»Der Knabe folgte besser, wenn sich die Anordnung scheinbar nicht an ihn als Einzelnen, an ihn persönlich wandte, sondern wenn sie – wenigstens in der sprachlichen Form – allgemein, unpersönlich gehalten war, als objektives Gesetz, das über dem Kind so wie über dem Erzieher steht, ausgesprochen wurde (etwa: »man macht das so ...«, »jetzt müssen alle ...«).«

Das sind wörtliche Zitate aus Hans Aspergers Schrift von 1944, welche genau auf den Punkt bringen, was auch meinem hier vorliegenden Buch ein zentrales Anliegen ist: das Vermeiden von persönlichen Aufforderungen und das Sich-berufen auf allgemeingültige Gesetze. Allerdings meint Hans Asperger lediglich die mündliche Ebene, von der er vom objektiven Gesetz, welches über allen steht, spricht. Ich denke, dieses objektive Gesetz erhält noch viel mehr Gewicht und Nachhaltigkeit, wenn es schriftlich formuliert ist.

Familien-Gesetzbuch

Entsprechend ist das Familien-Gesetzbuch eine Anlehnung an die Grundpfeiler unseres Rechtsstaates, welche im »Zivilgesetzbuch« und im »Strafgesetzbuch« geregelt sind. Kinder mit autistischem Denken können besser mit »Gesetzen« angeleitet werden als mit persönlichen Interaktionen. Wir Erwachsene funktionieren als Staatsbürger genau gleich: für uns ist nur verbindlich, was irgendwo in einem Gesetz geregelt ist. Meiner Meinung nach ist es im Zusammenhang mit Autismus sehr hilfreich, dies auf die Familie anzuwenden. Selbstverständlich soll dabei nicht die gleiche juristische Sprache benutzt werden wie in den staatlichen Vorbildern. Die Sprache in den »Gesetzen« soll kindgerecht und wohlwollend formuliert sein. Illustrationen können als Ergänzung eingesetzt werden. Es können auch humorvolle Aspekte eingebaut werden. Entscheidend ist nämlich, dass dieses Familien-Gesetzbuch von allen Familien-Mitgliedern akzeptiert und getragen wird.

Es lohnt sich deshalb, bei der Formulierung der einzelnen Gesetze die Kinder/Jugendlichen von Anfang an mit einzubeziehen. Vielleicht bringt dies manchmal langwierige Diskussionen mit sich! Aber das ist in unseren Parlamenten auch nicht anders, wenn um ein neues Gesetz gerungen wird. (Man sagt ja auch zuweilen, dass die Familie die Keimzelle der Demokratie ist. Dieses Prinzip soll hier ganz konkret angewendet werden!)

Der Familien-Rat

Wenn eine Familie gerne das Konzept der »Keimzelle der Demokratie« als Leitlinie nimmt, dann macht – als Analogie zu den Parlamenten – in der Familie das Einrichten eines »Familien-Rats« Sinn. Dieser kann z. B. wöchentlich tagen und solche Dinge regeln wie: Menüplan für die folgende Woche; Wochenend-Ausflüge; Formulieren von neuen oder Ändern von bestehenden Gesetzen. Um den Familien-Rat für die Kinder etwas attraktiver zu gestalten, könnte man dazu Snacks (wie z. B. Pommes-Chips) und Drinks (Cola, Eistee usw.) servieren.

Familien-Geld

Das Konzept »Familien-Geld« wird auf einem eigenen Informationsblatt genauer beschrieben (▶ Das Familien-Geld). Es stellt ein Belohnungssystem dar, das viele Vorteile aufweist. Ich möchte hier ein paar wichtige Bemerkungen zum Einsatz von Belohnungen bzw. Anreizen machen:

Es gibt durchaus berechtigte Kritiken am Einsatz von Belohnungen, welche dieses Vorgehen tendenziell als »Erpressung« oder »Bestechung« betiteln. Aus meiner Sicht gibt es nämlich durchaus eine gute und eine schlechte Variante, mit Belohnungen zu arbeiten:

Die gute Variante geht vom Grundsatz aus, dass dem Kind/Jugendlichen eine echte Wahl zugestanden wird! Er/sie kann wählen zwischen Befolgen einer Regel/Aufforderung und Nicht-befolgen. Es soll im Voraus auf faire Art bestimmt worden sein, was die Folgen aus der einen oder anderen Wahl sind. Zudem sollen die Vor- und Nachteile von Befolgen/Nicht-befolgen nicht übertrieben sein.

Die schlechte Variante geht vom Grundsatz aus, dass die Regel/Aufforderung eigentlich sowieso befolgt werden muss, und um dies zu gewährleisten, ist entweder der Anreiz übertrieben oder der Nachteil bei Nicht-befolgen ist drastisch. Es besteht keine echte Wahl. Im ersten Fall könnte man von Bestechung reden, und im letzteren von Erpressung.

Kinder im autistischen Spektrum haben dafür ein Feingefühl und werden dazu tendieren, sowohl die Bestechung als auch die Erpressung abzulehnen. Für sie ist entscheidend, eine Wahl zu haben, und nicht fremdbestimmt zu sein. Wenn Eltern mir nämlich berichten, weder Belohnungen noch Strafen seien erfolgreich gewesen, dann wird genau der von mir beschriebene Sachverhalt bestätigt.

Zwei Wege

Das Konzept »Zwei Wege« (▶ Zwei Wege – zwei Erziehungsstile, ▶ Zwei Wege – Du kannst wählen!) gibt dem Kind wiederum eine Wahl und zeigt mittels Visualisierung auf, welche Konsequenzen die beiden Wahlmöglichkeiten mit sich bringen. Im Konzept »Zwei Wege« ist das wichtige Prinzip enthalten, dass das Kind mit ASS eine echte Wahlmöglichkeit hat. Dies reduziert Stress und vermeidet Machtkämpfe. Oft werden nämlich Belohnungen bzw. »Wenn-Dann-Verknüpfungen« so eingesetzt, dass sowieso eine Befolgung der Anweisung erwartet wird! Nach dem Motto: »Du musst es sowieso tun, und wenn Du gehorchst, gibt es eine Belohnung.« Genau dies ist nicht gemeint und wird vom Kind allenfalls als Bestechung oder Erpressung bezeichnet – was es auch ist. Wenn das Kind eine echte Wahlmöglichkeit hat, wird es meistens kooperieren, wenn auch nicht immer. Mit diesem »Restrisiko« muss die Erziehungsperson leben können.

Umgang mit herausforderndem Verhalten

Menschen mit autistischen Eigenschaften neigen zu herausforderndem Verhalten, wenn ihr Stresslevel ein bestimmtes Niveau übersteigt. Dies kann sich langsam anbahnen oder sehr plötzlich eintreten. Herausforderndes Verhalten kann heißen:

- Selbstverletzendes Verhalten: Kopf an die Wand schlagen, sich beißen usw.
- Nach außen gerichtetes Verhalten: Schreien, Schlagen, Beschimpfen, Drohen, Gegenstände werfen, Sachen kaputt machen usw.

Es ist sehr wichtig, bei autistischen Menschen in solchen Situationen anders zu reagieren als bei neurotypischen Menschen, welche sich »daneben« benehmen. Bei Letzteren soll man intervenieren, Grenzen setzen, Handlungen zu stoppen versuchen. Bei autistischen Menschen ist ein anderes, »unaufgeregtes« Verhalten erforderlich (Elvén 2015).

Was ist Autismus?

Wenn bei einem Menschen eine Autismus-Diagnose gestellt wird, dann stellt sich immer auch die Frage, wie diese Diagnose der betroffenen Person und ihrem Umfeld erklärt werden soll. Je nachdem, ob sich diese Erklärung an ein Kind oder einen Erwachsenen, an eine Fachperson oder eine Laienperson richtet, wird sie sehr unterschiedlich ausfallen.

Für Fachleute beschreibe ich ein Konzept des schwedischen Autismus-Experten Christopher Gillberg, es heißt **»autism pure vs. autism plus«.** Dieses Konzept kann sehr gut die großen Unterschiede innerhalb des Autismus-Spektrums erklären und illustrieren.

Für Eltern und Erwachsene finde ich das Konzept, welches bei Menschen mit Autismus ein besonderes **Profil von Stärken und Schwächen** beschreibt, gut verständlich und hilfreich. Zusätzlich gibt es Literatur in Form von Autobiografien von Betroffenen.

Auch bei Kindern und Jugendlichen kann das Profil von Stärken und Schwächen verwendet werden, um Autismus verständlich zu erklären. Zusätzlich gibt es kindsgerechte Literatur sowie informative Youtube-Beiträge zum Thema.

Antworten für Fachleute

Für die meisten Fachleute ist mittlerweile der Begriff »Autismus-Spektrum-Störung« (ASS) zum Allgemeingut geworden. Es gibt unterschiedliche Ansätze, die Vielfalt dieses Spektrums zu erklären und zu illustrieren. Meines Erachtens ist der beste und verständlichste Beitrag dazu von Christopher Gillberg und Elisabeth Fernell formuliert worden, in einem Fachartikel mit dem Titel »Autism pure vs. Autism plus«. Wegen der Prägnanz behalte ich die englischsprachigen Begriffe bei.

Nach diesem Konzept ist Autismus weder eine Krankheit noch eine Behinderung, sondern es ist ein Persönlichkeitsmerkmal (englisch: trait), das in der Bevölkerung einer Normalverteilung folgt. Das heißt, dieses Merkmal ist wie z. B. die Körpergröße unterschiedlich ausgeprägt und ist umso seltener, je stärker die Ausprägung ist.

Aber auch bei deutlicher Ausprägung spricht Gillberg noch nicht automatisch von einer Störung. Er geht von der Annahme aus, dass dieser autistische »trait« erst zum echten Problem wird, wenn weitere Faktoren hinzukommen. Entsprechend trifft er folgende Unterscheidung:

- **Autism pure:**
  Dies ist die reine autistische Veranlagung, ohne zusätzliche Beeinträchtigungen. Sie stellt in der Regel kein wirkliches Problem dar und bedarf keiner Unterstützung. Es handelt sich *nicht* um eine Diagnose.
- **Autism plus:**
  Anders als die »reine« Form hat autism plus Krankheitswert und wird als Autismus-Spektrum-Störung bezeichnet. Das »plus« besteht in einem oder mehreren der folgenden zusätzlichen Probleme (in Klammer die Klassifizierung nach DSM oder ICD): Sprachliche Beeinträchtigung (F80), intellektuelle Beeinträchtigung (F70), Lernstörung (F81), Epilepsie (G40), ADHS (F90), motorische Beeinträchtigung (F82) – womit die wichtigsten genannt sind.

Das folgende Schema zeigt das Autismus-Spektrum im Überblick.

Was ist Autismus?

```
                    neurotypisch
    ┌─────────────────┬─────────────────┐
    │                 │ plus:           │
    │                 │ Epilepsie       │
    │       NT        │         ADHS    │
    │                 │ LRS             │
    │                 │   intellektuelle,│
    │                 │ sprachliche, motorische│
    │                 │   Beeinträchtigung│
pure├─────────────────┼─────────────────┤plus
    │                 │                 │
    │  Autism pure    │  Autism plus    │
    │                 │      =          │
    │                 │    ASS          │
    │                 │                 │
    └─────────────────┴─────────────────┘
                     autistisch
```

Dieses Schema setzt in der Vertikalen die beiden Pole »neurotypisch« (das Gegenteil von autistisch) und »autistisch« einander gegenüber, und in der Horizontalen »pure« und »plus«. Kombiniert man die beiden Dimensionen, ergeben sich vier Quadranten:

- Neurotypisch (NT): Keine Besonderheiten, Durchschnittsmensch
- Die verschiedenen »plus«: sie können bei neurotypischen Menschen hinzukommen und zu diversen Problemkreisen führen, die mit Autismus nichts zu tun haben. Diese Probleme können relativ harmlos sein (z. B. F81) oder zu einer schweren Beeinträchtigung (z. B. F70) führen.
- Autism pure: Menschen mit autistischen Zügen, welche in der Regel keine Unterstützung benötigen.
- Autism plus: Dies ist ein Synonym für Autismus-Spektrum-Störung.

Antworten für Erwachsene

Zuerst möchte ich noch einmal betonen, dass Autismus weder eine Krankheit noch eine Behinderung darstellt. In Abgrenzung zum neurotypischen Menschen weisen Menschen mit Autismus Veränderungen in ihrer Hirnstruktur auf, welche genetisch bedingt sind und Veränderungen im Wahrnehmen, Denken und Fühlen mit sich bringen:

- Die autistische Wahrnehmung ist detailorientiert und neigt dazu, das große Ganze zu übersehen. Meist wird die visuelle Wahrnehmung bevorzugt und andere Sinneskanäle vernachlässigt. Die Integration verschiedener Sinneskanäle ist erschwert.
- Das autistische Denken ist durch mangelnde Flexibilität charakterisiert. Dies kann aber auch ein Vorteil sein, wenn es darum geht, sich über längere Zeit intensiv mit einem bestimmten Thema zu beschäftigen.
- Menschen mit Autismus fühlen genau so intensiv wie andere Menschen, sie haben aber weniger bewussten Zugang zu ihren Gefühlen und können rasch verwirrt oder überfordert werden im Umgang mit ihren Gefühlen.
- Typische Stärken von Menschen im Autismus-Spektrum können sein: Logisch-rationales Denken, Fokussierung auf ein Thema von Interesse, kreativ-innovatives Denken, Langzeitgedächtnis für Fakten, u. v. a. m.
- Typische Schwächen sind: Umgang mit sozialen Situationen und Beziehungen, Wahrnehmen von und Eingehen auf Bedürfnisse und Meinungen von anderen, spontanes Reagieren auf Neues bzw. Unerwartetes.
- Zusammengefasst bedeutet Autismus also ein Nebeneinander von Stärken und Schwächen und muss nicht unbedingt zu großen Problemen führen.
- Es ist allerdings eine Tatsache, dass in einer modernen Gesellschaft und insbesondere auch in der Arbeitswelt soziale Kompetenzen immer mehr gefragt sind und Menschen mit Autismus deshalb schneller Gefahr laufen, in Schwierigkeiten zu geraten.
- Je früher Autismus diagnostiziert wird, desto besser können die wesentlichen Schwächen (Sozialkompetenz!) gefördert werden und desto besser sind die Chancen der Betroffenen, ein unabhängiges und erfülltes Leben führen zu können.

Antworten für Kinder/Jugendliche

 Auch für Kinder und Jugendliche ist das Profil von Stärken und Schwächen eine gute Grundlage zur Antwort auf die Frage »Was ist Autismus?«. Es ist aber auch wichtig zu betonen, dass nicht alle Eigenschaften, die als typisch gelten, auch immer vorhanden sein müssen!

Typische Stärken sind:

- Logisches Denken,
- Sich mit Leidenschaft für etwas einsetzen, was interessant ist,
- Ehrlichkeit und ein starker Sinn für Gerechtigkeit,
- Ein gutes Gedächtnis für Fakten und Wissen (wenn Interesse vorhanden ist!),
- Ein Streben nach Perfektion

Typische Schwächen sind:

- Mangelndes Verständnis für soziale Regeln und Beziehungen,
- Mangelndes Verständnis für die Meinungen und Gefühle von anderen,
- Wenig Ausdauer bei notwendigen, aber uninteressanten Tätigkeiten
- Schwierigkeiten, Aufforderungen zu befolgen
- Schwierigkeiten, mit Neuem und Unbekanntem umzugehen

Diese Aufzählungen sind nicht vollständig. Die Eltern können für das eigene Kind ein »maßgeschneidertes« Profil erstellen!

Sehr hilfreich sind auch Bücher und Webseiten im Internet zu diesem Thema.

Für Jugendliche:

- »Schattenspringer«, von Daniela Schreiter
- Youtube-Videos

Für Kinder:

- »All Cats have Asperger Syndrome«, von Kathy Hoopmann
- »Ich bin Loris«, von Barbara Tschirren u. a.
- »Nino«, von Eva Salber (inkl. ein Arbeitsheft)

Antworten für »Fremde«

Immer wieder erzählen Eltern von der Tatsache, dass das Verhalten ihres Kindes in der Öffentlichkeit eine zusätzliche Belastung mit sich bringt. Hat man einmal erfolgreich gelernt, auf herausforderndes Verhalten auch in der Öffentlichkeit ruhig (unaufgeregt!) zu reagieren, so gibt es mit großer Wahrscheinlichkeit »böse Blicke« und/oder Kommentare von fremden Personen:

- »Was ist denn das für ein unerzogener Balg?«
- »Kein Wunder, die Mutter unternimmt nichts dagegen …«

Um solch zusätzlichem Stress zu begegnen, empfiehlt es sich, für diese Situationen ein Informations-Blatt bzw. -Kärtchen zu verfassen, das man ohne großen Kommentar bei Bedarf einsetzen kann. Hier ein Beispiel:

Merkblatt Autismus

Mein Kind leidet unter einer sogenannten **Autismus-Spektrum-Störung.**
Es kommt vor, dass mein Kind sich in der Öffentlichkeit unangemessen benimmt und wegen Kleinigkeiten ausflippt.
Wir Eltern sind bemüht, an diesem Verhalten zu arbeiten.
Sie können behilflich sein, indem Sie die Situation ignorieren!

Oder für betroffene Erwachsene:

Zu Ihrer Information

Ich bin vom **Asperger-Syndrom** betroffen.
Kurz gesagt bedeutet dies: meine Fähigkeit, zu kommunizieren, ist eingeschränkt:

- Ich verstehe nicht immer auf Anhieb, was Sie zu mir sagen.
- Ich gebe mir Mühe, nachzufragen, aber manchmal mache ich es nicht, obwohl ich sollte.
- Ich bin froh, wenn Sie nicht allzu schnell reden und nicht zu viel auf einmal sagen.
- Fragen Sie ab und zu nach, ob alles klar sei.

»Der sechste Sinn« – Antworten für Mitschüler

 Wenn ein Kind mit ASS eine Regelklasse besucht, dann wird es mehr oder weniger deutlich mit einem Verhalten auffallen, das von anderen als merkwürdig empfunden wird. Zudem kommen oft Unterstützungsmaßnahmen zur Anwendung, die den anderen Kindern auffallen. Ohne Erklärung können solche Maßnahmen als ungerecht empfunden werden.

Die Broschüre »Der sechste Sinn (II) – Ein Unterrichtsplan zum Thema Autismus« von Carol Gray wurde geschrieben mit dem Ziel, Mitschüler auf kindsgerechte Art zu erklären, was Autismus ist bzw. wie er sich manifestiert. Lehrpersonen ohne fundierte Kenntnisse im Bereich Autismus können diese Broschüre als Anleitung benutzen, um eine Informationsstunde für die Klasse durchzuführen. Zusammengefasst sieht das so aus:

- Im Vorfeld werden das Kind mit ASS und die Eltern über die geplante Information an die Klasse konsultiert und es wird entschieden, ob das Kind bei dieser Stunde dabei sein möchte oder nicht. Nach meiner Erfahrung fällt die Antwort sehr unterschiedlich aus.
- Es muss im Vorfeld auch geklärt werden, ob die Diagnose dem betroffenen Kind bekannt ist. Das ist je nach Alter nicht unbedingt der Fall. Das hier beschriebene Vorgehen wird dadurch aber nicht wirklich tangiert. Es ist durchaus möglich, das Konzept des »sechsten Sinns« anzuwenden, ohne Fachbegriffe wie Autismus oder Asperger benutzen zu müssen.
- Die Informationsstunde geht dann zunächst von den bekannten fünf Sinnen aus und definiert einen sechsten Sinn, welcher es uns ermöglicht einzuschätzen, was andere Menschen denken und fühlen (Perspektiven-Übernahme). Man könnte ihn auch den sozialen Sinn nennen.
- Was hat es nun für Folgen, wenn dieser sechste, der soziale Sinn, beeinträchtigt ist?
- Die Antwort: »Ein Schüler, dessen sechster Sinn beeinträchtigt ist, braucht möglicherweise unsere Hilfe bei …«. In der Folge wird eine ganze Reihe von Beispielen aufgeführt, wie diese Hilfe aussehen könnte.
- Es wird darauf hingewiesen, dass es für diese Hilfeleistungen einerseits die Erwachsenen braucht (Klassenlehrperson, Assistenz), dass aber andererseits auch die anderen Kinder mithelfen können. Dazu werden konkrete Beispiele gesammelt.

Nutzen von Diagnosen

Immer wieder taucht bei Eltern und manchmal auch bei betroffenen Erwachsenen die Frage auf: Wozu Diagnosen? Sind das nicht unnötige »Etiketten« oder »Stempel«?

Die Antwort darauf ist vielschichtig:

- *Offizielle* Diagnosen (gemäß ICD oder DSM) sind notwendig, wenn man von einer Versicherung Leistungen erhalten möchte. Die offizielle Diagnose heißt dann Autismus-Spektrum-Störung. Das Wort Störung ist unumgänglich, denn nur für etwas im weitesten Sinne Negatives kann man eine Versicherungsleistung beanspruchen. Das Gleiche gilt auch für schulische Unterstützungsmaßnahmen.
- Eine Diagnose, die man jemand anderem *persönlich* offenlegt, wie z. B. Asperger-Syndrom, ist immer dann hilfreich, wenn ein **Erklärungsbedarf** besteht. Solche Erklärungen können gegenüber einem Arbeitgeber, den Nachbarn, dem Freundeskreis, den Mitschülern usw. notwendig und hilfreich sein. Menschen im Autismus-Spektrum werden in bestimmten Situationen negativ auffallen, und dann ist eine Erklärung hilfreich, um Verständnis zu erlangen.
- Ohne Bekanntmachen einer Diagnose bekommt man als Betroffene/r ebenfalls oder erst recht »Etiketten«, z. B.: arrogant, desinteressiert, unerzogen, faul, rücksichtslos usw.
- Auf das Offenlegen einer Diagnose kann man immer dann verzichten, wenn es keinen offensichtlichen Erklärungsbedarf gibt. Das bedeutet, dass die betroffene Person gelernt hat, ihren Autismus zu maskieren und sich angepasstes Verhalten anzueignen. Das wird in der Regel mit zunehmendem Alter der Fall sein. Diese Anpassung ist zweischneidig. Einerseits hilft sie in vielen Situationen und wird einem mehr Erfolgserlebnisse bescheren. Anderseits ist sie mit hohem Energieaufwand verbunden und kann zu Erschöpfung führen.

»Wer bin ich?« oder »Ich bin besonders!«

 Wenn eine Abklärung mit anschließender Diagnosestellung beendet ist, stellt sich oft die Frage, wie dies dem betreffenden Kind/Jugendlichen erläutert werden soll. Die einen sind für das Thema sehr offen und haben schon ein Bewusstsein des Andersseins entwickelt. Andere sind aber sehr ablehnend und betonen, so zu sein oder zumindest so sein zu wollen wie alle anderen.

Bei großem Widerstand ist es ratsam, nicht zu beharren und das Thema auf später zu verschieben.

Wenn Offenheit und Interesse vorhanden sind, gibt es als Hilfsmittel einerseits die erwähnten Bücher (▶ Antworten für Kinder/Jugendliche), welche »Autismus« bzw. »Asperger« für Kinder und Jugendliche thematisieren.

Für: Kinder:

- »All Cats have Asperger Syndrome« von Kathy Hoopmann
- »Ich bin Loris« von Barbara Tschirren u. a.

Für Jugendliche:

- »Nino« von Eva Salber (incl. ein Arbeitsheft)
- »Schattenspringer« von Daniela Schreiter

Anderseits – wenn das Thema »Autismus« noch nicht reif ist – gibt es auch schöne Kinderbücher, welche das Anderssein allgemein und ohne Bezug zu Diagnosen thematisieren. Hier zwei Beispiele:

- »Elmar« von David McKee
  Elmar ist ein buntscheckiger Elefant, welcher sich mit grauer Farbe beschmiert, um so zu sein wie die anderen. Am Ende der Geschichte steht er zu seiner Farbigkeit.
- »Irgendwie Anders« von Kathryn Cave und Chris Riddell
  »Irgendwie Anders« ist der Name eines kleinen Wichts, der einsam und ohne Freunde lebt, weil er eben irgendwie anders ist. Im Laufe der Geschichte trifft er auf ein Geschöpf, das ebenfalls anders ist, dieses wird aber zunächst abgelehnt: »Du bist nicht *genauso* irgendwie anders wie ich!« Natürlich hat die Geschichte ein Happy End und jedes Anderssein ist eben in Ordnung.

Umgang mit Konflikt- und Stresssituationen

Für Menschen im Autismus-Spektrum stellt der Umgang mit Konflikt- und Stresssituationen die wohl größte Herausforderung überhaupt dar. Dies hat mit den dazugehörigen Emotionen wie Angst und Wut zu tun. Solche Emotionen kommen bei den Betroffenen unter Stress in Sekundenschnelle hoch und hindern sie am »vernünftigen« Umgang mit der Situation. Je nachdem, ob Angst oder Wut vorherrschend ist, sind die Reaktionen defensiv (Rückzug, Flucht, Erstarren) oder offensiv (Angriff, Schreien, körperliche und verbale Attacken, Sachbeschädigungen). Im Grunde ist natürlich jeder Mensch prädestiniert, so zu reagieren, denn die Natur hat es so vorgesehen (in der Regel aber nur für Extrem-Situationen!).

Der Unterschied zwischen neurotypischen und autistischen Menschen liegt schlussendlich im Ausmaß der Reaktionen. Einerseits braucht es für autistische Menschen nur scheinbare Bagatellen, um eine heftige Reaktion auszulösen, und anderseits ist die Fähigkeit dieser Menschen, die hochgekommenen starken Emotionen zu regulieren, deutlich reduziert.

Die meisten Betroffenen realisieren im Nachhinein, dass sie unangemessen reagiert haben. Es tut ihnen leid, sie schämen sich, machen sich Selbstvorwürfe. Nur ist es leider so, dass sie ohne fremde Hilfe aus den Vorfällen nichts lernen können und immer wieder auf die gleiche unangemessene Weise reagieren.

Die Hilfe besteht darin, dass solche Situationen in einem ruhigen Moment vorbesprochen und wenn möglich schriftlich festgehalten werden, in Form eines »Rezepts«. Zudem werden für die Stresssituation Hilfsmittel (wie z. B. das Blaulicht und andere visuelle Signale) entworfen und in das »Rezept« mit einbezogen. Und schlussendlich kann es sehr nützlich sein, das betroffene Kind für das Kooperieren und erfolgreiche Bewältigen von solchen Stresssituationen zu belohnen.

Im Umgang mit Stress- und Konfliktsituationen muss es immer das oberste Ziel der erwachsenen Betreuungsperson sein, das Kind bzw. den Betroffenen zu *beruhigen* und alles zu unterlassen, was den Konflikt schürt. Das kann auch bedeuten, im Moment *nachzugeben*. Denn: Beruhigung geht vor Erziehung, oder: Erziehung kann erst einsetzen, wenn Ruhe eingekehrt ist.

Das Blaulicht

Wir kennen das Blaulicht von Polizei-, Feuerwehr- und Sanitätsautos. Wenn das Blaulicht eingeschaltet ist, heißt das für alle: Achtung! Es eilt – jetzt wird gehandelt und nicht diskutiert!

Auch im Familienalltag gibt es immer Situationen, in denen es pressiert und alle mitmachen sollten! Deshalb kann es sehr sinnvoll sein, mit dem Blaulicht-Symbol zu arbeiten.

Ein entsprechendes Bild wird auf eine Karte gedruckt und immer dann benutzt, wenn es pressiert und alle (z. B. sich-bereit-machen, ankleiden, das-Haus-verlassen usw.) müssen.

> Kinder im Autismus-Spektrum haben Mühe, sich in solchen Situationen, in sogenannten »Notfällen«, rasch umzustellen und das liegen zu lassen, was sie gerade tun.
>
> Deshalb wird mit ihnen eine Abmachung getroffen: Wenn ein Elternteil das Blaulicht-Kärtchen zeigt und dazu »Blaulicht!« ruft, dann wird nicht diskutiert, sondern gehandelt, und alle machen mit!
>
> Zusätzlich wird abgemacht, dass man in Blaulicht-Situationen eine Belohnung verdienen kann, wenn man gut mitmacht.

Arbeit mit Signalkärtchen

 Von Autismus Betroffene können viel besser mit visuellen Informationen umgehen als mit mündlichen Botschaften. Dies gilt insbesondere für Stress-Situationen. Hier erweisen sich sogenannte Signalkärtchen als besonders hilfreich. Ein Beispiel, das Blaulicht, wird auf einer eigenen Gebrauchsanweisung erklärt. Es folgen hier drei weitere Beispiele:

Das Rennen ist zu Ende! Diese Flagge wird bei Auto- oder Motorrad-Rennen geschwenkt, wenn jemand das Ziel passiert hat und damit das Rennen zu Ende ist. Dieses Zeichen wird benutzt, wenn das Kind seine aktuelle Tätigkeit beenden sollte.

Pssst! Bitte leise sein!

Alle kennen dieses Zeichen. Es kann benutzt werden, um auf unangemessenes Verhalten (z. B. Beleidigungen) zu reagieren, ohne großes Aufheben zu machen.

Streit unter Geschwistern

In allen Familien gibt es Streit unter den Geschwistern. Das ist etwas Normales. Manchmal arten diese Streitereien aber aus. Es wird geschrien, gedroht, beleidigt und manchmal auch geschlagen.

Fouls und Regeln
Man kann in solchen Fällen eine Familie mit einem Fußballspiel vergleichen. Auch im Fußball gibt es Probleme, wenn zwei oder mehrere aneinander geraten. Wenn es unfair wird, sprechen wir von *Fouls*.

Deshalb muss auch in der Familie geregelt werden, was erlaubt ist und was nicht. Unerlaubte Handlungen nennen wir Fouls. Folgende Verhalten gelten als Foul:

- Schlimme Beleidigungen
- Schlagen
- Beißen
- Kratzen

Wer ein Foul begeht, muss dies in irgendeiner Form wiedergutmachen. Möglichkeiten sind, je nach Schwere des Vorfalls:

- Sich entschuldigen
- Zimmerarrest (wenige Minuten bis maximal ca. eine Stunde)
- eine Arbeit oder ein Ämtli (in dt. etwa »feste Aufgabe«) ausführen, welches der Familie dient

Es ist sehr sinnvoll, diese Regeln aufzuschreiben. Man kann auch vereinbaren, dass die Eltern eine Warnung aussprechen oder die gelbe Karte zeigen, bevor es zu schlimmen Fouls kommt. Wenn dann die Streitenden eine Weile in ihr Zimmer gehen, ist die Sache erledigt.

Ruhig bleiben für Eltern

 Das Zusammenleben mit Kindern mit besonderen Bedürfnissen stellt uns täglich vor große Herausforderungen. Trotz allen guten Strategien und dem Verständnis für die manchmal sehr spezielle Art dieser Kinder gibt es im Alltag immer wieder Situationen, die sehr schwierig auszuhalten sind. Manchmal gelingt uns das ruhig bleiben sehr gut und wir können so mithelfen eine schwierige Situation wieder zu entschärfen. Aber manchmal liegen unsere Nerven blank und wir spüren wie der Ärger in uns immer größer wird.

Wie geht man mit solchen Situationen um? Was kann helfen, in diesen Momenten nicht die Nerven zu verlieren?

Mithilfe des Wutthermometers kann die Wut in verschiedene Stufen eingeteilt werden. Dabei überlegt man sich folgendes:

1. Was geschieht in meinem Körper, wenn ich wütend werde. Wie fühlt sich ein kleiner Ärger an, wie eine große Wut?
2. Was macht mich überhaupt wütend? In welchen Situationen werde ich wütend?
3. Was kann ich dagegen tun? Wie kann ich mich in solchen Situationen wieder entspannen?

Was hilft mir, wenn ich …

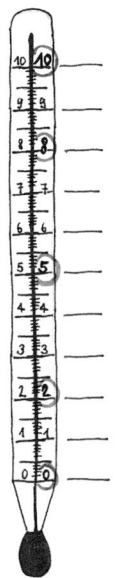

… **sehr wütend** bin: ....
… (z. B. Hilfe holen, Vertrauensperson anrufen)

… **wütend** bin: ....
… (z. B. kurzer Spaziergang, Ablenkung, körperliche Betätigung)

… **mürrisch/»muff«** bin: ....
… (z. B. Distanz schaffen)

… **ärgerlich** bin: ....
… (z. B. tief in den Bauch atmen)

Schreibt man sich diese Maßnahmen in einem ruhigen Moment auf eine Liste, kann man in der nächsten herausfordernden Situation darauf zurückgreifen und entsprechend handeln. Denn oft ist es ja so, dass, wenn man erst einmal ärgerlich oder wütend ist, meistens die Idee fehlt, wie damit umgegangen werden könnte.

Wenn bei der Wochenplanung genügend Zeitpuffer eingeplant werden, kann man in schwierigen Situationen auch besser ruhig bleiben, da man auf das Kind respektive das Problem eingehen kann. Das ist leider nicht immer möglich, trotzdem lohnt es sich, wann immer möglich, eine Zeitreserve bei der Terminplanung zu berücksichtigen. Denn wer unter Zeitdruck steht, hat ganz automatisch weniger gute Nerven, um abzuwarten und ruhig zu bleiben.

Sehr wichtig ist es auch, sich im Alltag genügend Ruhe-Inseln zu gönnen, um Kraft und Energien schöpfen zu können. Auch solche Erholungszeiten sollten unbedingt in die Wochenplanung miteinbezogen werden.

Möglichkeiten zur Beruhigung

 Für autistische Menschen ist es enorm hilfreich, Möglichkeiten zur Beruhigung zu kennen und zu praktizieren. Solche Beruhigungsmittel können sehr verschieden sein, je nach Mensch und auch je nach Alter. Im Folgenden soll eine reichhaltige Liste vorgestellt werden:

Seifenblasen pusten	lesen	Bilder ausmalen
Kauspielzeug benutzen	vorwärts/rückwärts zählen	Pause machen
ein Puzzle machen	duschen	mit Stofftier kuscheln
jmd. umarmen	Eiswürfel lutschen	Gehörschutz anziehen
etwas trinken	Dehnübungen	Süßholz kauen
sich in Decke wickeln	Haare/Haut bürsten	ätherisches Öl riechen
ein Lied summen	Fotoalbum schauen	Musik hören
tief atmen	Menschen beobachten	Hörspiel hören
Fahrrad fahren	Tiere beobachten	Yoga üben
auf Baum klettern	stillen Ort aufsuchen	auf großem Ball hüpfen
Musik machen	Duftkerze anzünden	mit Lego spielen
körperlich arbeiten	Joggen gehen	tanzen
Reitseil benutzen	ein Bad nehmen	Trampolin benutzen
Grimassen schneiden	Haustier streicheln	Sanduhr beobachten
zeichnen	Blasenfolie knacken	Mandala malen
kneten	Spaziergang machen	Stressball kneten

Umgang mit gewalttätigem Verhalten – Grundsätze

Verhalten bei Wut	Wie das Verhalten sich selbst sieht	Wie zeigt sich das Verhalten?	Konsequenz
Gewalttätig	Wenn ich wütend bin, ist alles erlaubt.	Schlagen, Treten, Beißen, Drohen, Sachen kaputt machen.	Deutliche Strafe
Respektlos	Wenn ich wütend bin, habe ich mich nicht mehr im Griff.	Beleidigungen: Arschloch! Fick Dich! Halt die Fresse!	Milde Strafe
Gemäßigt	Wenn ich wütend bin, muss ich ohne Rücksicht Luft ablassen.	Herumschreien, Toben, Türe zuknallen, Sachen herumschmeißen	Keine Strafe
Angemessen	Wenn ich wütend bin, muss ich Luft ablassen. Ich respektiere dabei den/die anderen.	»Du nervsch!« »Das stinkt mir!« »Das macht mich rasend!« Sich ins Zimmer zurückziehen und Luft ablassen	Positive Rückmeldung Ev. Punkte-Gutschrift

Es ist ausgesprochen wichtig, diese Grundsätze im Voraus in sogenannten »Gesetzen« schriftlich zu regeln!

Verbotene und erlaubte Wörter

Wenn Kinder wütend sind, dann können ihre Wörter beleidigend sein. Solche Wörter gehören auf eine »rote Liste«. Hier folgt ein Beispiel, wenn Kevin wütend ist:

Kevin hat wieder einmal länger am Computer gespielt als abgemacht. Der Einstieg in den nächsten Level wollte ihm einfach nicht gelingen. Er versuchte es immer wieder und kam so unter Stress. Der Ruf der Mutter, nun endlich Schluss zu machen, bringt das Fass zum überlaufen. Wenn Kevin wütend ist, braucht er gegenüber den Eltern schlimme Ausdrücke.

Es ist sinnvoll, eine Liste mit verbotenen Kraftausdrücken (rote Liste) und eine Liste mit erlaubten Wörtern (grüne Liste) zu machen. So kann Kevin lernen, in der Wut andere Worte zu finden. Zum Beispiel:

Rote Liste:	**Grüne Liste:**
• »Dumme Sau«	• »Du nervst!«
• »Ar…och«	• »Lass mich in Ruhe!«
• ……………………..	• ………………………..

Immer, wenn Kevin in der Wut erlaubte Wörter benutzt, erhält er dafür Bonuspunkte, nach schlimmen Beleidigungen hingegen muss er etwas tun, um dies wiedergutzumachen.

Löschen

Ein wichtiges Stichwort im Erziehungsalltag mit autistischem Verhalten heißt Löschen (aus dem Englischen »to extinct«). Gemeint ist damit ein konsequentes Ignorieren des Problem*verhaltens*, ohne dass man sich vom Kind abwendet, d.h., man ignoriert das Verhalten und nicht das Kind. Das Problemverhalten wird so am erfolgreichsten aufgefangen bzw. eben *gelöscht*.

So einfach dieser Gedanke formuliert werden kann, so schwierig ist es, ihn umzusetzen. Je deftiger das Problemverhalten des Kindes ist, umso schwieriger ist die Umsetzung! Aber: Üben lohnt sich!

Das Prinzip des Löschens soll an einem einfachen Beispiel illustriert werden:

Der elfjährige Kevin kommt zehn Minuten zu spät in die Schule, weil ihn die Mutter erst aus dem Haus ließ, als er nach langer Diskussion den Fahrradhelm aufsetzte. Dieses Detail ist von Bedeutung, denn nach Kevins Logik war natürlich die Mutter für sein Zuspätkommen schuld. Kevin öffnet also das Klassenzimmer und auf den tadelnden Blick des Lehrers hin beginnt er sich lauthals über seine Mutter zu beschweren.

Variante A:
Der Lehrer interveniert mit lauter Stimme: das sei nun wohl die Höhe, erst komme Kevin zu spät und dann meine er auch noch, sich in Szene setzen zu müssen. Nun wird Kevin noch wütender, beschimpft den Lehrer und schmeißt seinen Schulsack in eine Ecke usw.

Variante B:
Kevin öffnet das Klassenzimmer, und auf den tadelnden Blick des Lehrers hin beginnt er sich lauthals über seine Mutter zu beschweren. Der Lehrer sagt zunächst nichts, geht zu Kevin und begleitet ihn ruhig zu seiner Schulbank mit den Worten: »Hier ist Dein Platz, setz Dich hin, nimm das Rechenbuch und öffne es auf S. 25.«

Lösungsorientierung statt Problemorientierung
Der Unterschied zwischen Variante A und B besteht darin, dass das Problemverhalten *nicht* angesprochen/nicht beachtet wird, im Wissen, dass dies zu nichts führt. Vielmehr wird im Sinne der Lösungsorientierung Kevin geholfen, sich in die aktuelle Situation einzufügen.

Entscheidend bei Variante B ist auch, dass der Lehrer emotional nicht mit Kevin gleichzieht (was bei einem normal entwickelten Kind ganz natürlich wäre), sondern er selbst ruhig, zielgerichtet und distanziert bleibt.

Diese Strategie ist in der Familie besonders schwierig umzusetzen, weil man genau dort gewohnt ist, mit emotionaler Bezogenheit zu »funktionieren« bzw. zu erziehen. Wenn aber die Eltern wissen, dass hier ein wesentlicher Schlüssel zum Erfolg liegt, dann können sie sehr wohl lernen, ihre gewohnten emotionalen Reaktionen abzuschwächen und bei einem tobenden Kind selbst ruhig zu bleiben.

Unaufgeregter Umgang mit Konflikten

Hier sind einige Ratschläge im Umgang mit Konflikt-Situationen, die sich am schwedischen Autor Bo Hejlskov Elvén (2015) orientieren. Oberstes Ziel vonseiten des Elternteils/des Erwachsenen ist es, ruhig zu bleiben und Emotionen nicht zu schüren. Dazu sind folgende Hinweise hilfreich:

- Blickkontakt vermeiden und auf keinen Fall darauf bestehen, dass das Gegenüber einen anschaut! Blickkontakt kann kontraproduktiv sein.
- Abstand halten, eher seitlich als frontal stehen.
- Wenn es geht: sich setzen statt stehen. Wenn man sitzt, wird man selbst eher ruhig und wirkt nicht bedrohlich.
- Nicht schreien; ruhig sprechen.
- Nicht beharren; es geht nicht darum, »konsequent« zu sein, sondern die Lage zu entspannen.
- Nicht Stärke zeigen und imponieren wollen!
- Techniken anwenden, die man selbst geübt hat, um ruhig zu bleiben: tief atmen z. B.
- Sich von jemand anderem – falls möglich – ablösen lassen.

All diese Ratschläge unterscheiden sich von »normalen« Erziehungsratschlägen. Denn in einer Konfliktsituation mit einem autistischen Individuum geht es nicht um Erziehung, sondern um Beruhigung.

Meltdowns und Shutdowns

 Autistische Menschen reagieren auf Stress anders als neurotypische Menschen. Wenn der Stress ein gewisses Niveau übersteigt, sei dies akut oder durch einen Overload, der über Stunden entstanden ist, dann kann es zu zwei unterschiedlichen Reaktionen kommen, die entweder gegen außen (Meltdown) oder gegen innen (Shutdown) gerichtet sind.

Ein *Meltdown* ähnelt einem Wut- bzw. Trotzanfall, hat aber eine andere Qualität. Beim Wutanfall bleibt eine gewisse Kontrolle über das eigene Verhalten aufrechterhalten und es macht vonseiten des Gegenübers Sinn, Einfluss zu nehmen und zu intervenieren. Anders beim Meltdown. Dieser ist mit einem Verlust der Kontrolle (»außer sich sein«) verbunden.

Für das Gegenüber steht an erster Stelle »ruhig bleiben« und »Ruhe vermitteln« (siehe auch die dazu gehörigen Gebrauchsanweisungen).

Ein *Shutdown* ist ein ähnlicher Zusammenbruch unseres obersten Kontrollorgans, aber von außen gesehen, läuft er sehr ruhig ab. Es handelt sich um eine Form von Panik, aber sie läuft rein innerlich ab und führt zu Gefühlen von Angst, Hilflosigkeit und ist mit Erstarren, Nicht-reden-können und körperlichen Symptomen wie Schwitzen, Schwindel, Herzklopfen usw. verbunden. Für die Betroffenen ist dies ein äußerst unangenehmer Zustand, denn sie können sich in ihrer Not nicht mitteilen und sind wie eingesperrt.

Auch hier geht es für eine andere anwesende Person darum, ruhig zu bleiben und Ruhe zu vermitteln. Intervenieren ist bis zu einem gewissen Grad möglich, z. B. behutsam an einen ruhigen Ort führen und beruhigende Worte sprechen.

Für die Betroffenen ist es wichtig, sich mit dem Zustand auseinanderzusetzen und Methoden zu lernen, welche vorbeugend wirken (siehe entsprechende Gebrauchsanweisungen).

Probleme sind dazu da, um sie zu lösen!

Situationen, in welchen unverhofft etwas schiefläuft, können ein Kind mit Autismus bekanntlich sehr aus der Bahn werfen.

Mit unserem Sohn haben wir deshalb eine Art **Mantra** erfunden, das wir in diesen Situationen erfolgreich anwenden. Dieses Mantra wird stets aufs Neue wiederholt und gehört bereits zum Alltag, es heißt:

Probleme sind dazu da, um sie zu lösen!

Gerne mache ich ein Beispiel für eine Situation, in der es wunderbar funktioniert hat: Für sein Geburtstagsfest wünschte sich Dominik einen speziellen Kuchen, den er unbedingt mit mir gemeinsam backen wollte. Zum Kuchen gehörte eine Creme auf Schlagrahmbasis. Bei dessen Zubereitung passierte eine Katastrophe. Das Ganze wurde zu Butter und war somit für den Kuchen nicht zu gebrauchen. Dominik fing an zu verzweifeln, mich zu beschuldigen, zu schreien und … das ganze Repertoire halt. Ich blieb ruhig und sagte:
»Dominik, weißt Du noch? Probleme sind dazu da …«
Dominik ergänzte: »… um sie zu lösen«.

Er ist dann auf die Lösung gekommen, in Laden zu gehen und einen neuen Rahm zu kaufen. Ich fragte nur noch, ob er allein gehen möchte oder mit mir. Natürlich wollte er in dieser Situation begleitet werden, was für mich kein Problem war. Wir kauften den Rahm und konnten den Kuchen erfolgreich beenden.

Der Satz »Probleme sind dazu da, um sie zu lösen« hat uns bereits aus anderen schwierigen Situationen auszusteigen geholfen. Es bringt Ruhe in das Chaos, das bei einer unverhofften Wendung in einem Autismus-Spektrum-Kopf entsteht. Diese Ruhe ist wie ein Pausenknopf und hilft, sich vom Problem auf das Konzept »Lösung« umzustellen.

Gehänselt werden

 (1) Unter Kindern kommt es immer wieder vor, dass jemand gehänselt wird, mit dummen Sprüchen, mit Grimmassen usw. Oft ist das gar nicht böse gemeint, sondern nur zum Spaß. Peter muss lernen, nicht auf jeden dummen Spruch sofort und heftig zu reagieren:

Peter kommt am Morgen stolz mit einer neuen Mütze in die Schule. Als Kevin das sieht, ärgert er ihn mit einem dummen Spruch (vielleicht ist er ja nur eifersüchtig auf Peters Mütze). Peter wird wütend und droht Kevin. Dieser grinst und Peter wird noch wütender. Schließlich geht Peter auf Kevin los. Genau in diesem Moment taucht die Lehrerin auf und Peter erhält eine Strafe. Nun lacht sich Kevin endgültig ins Fäustchen.

(2) In der Zwischenzeit hat Peter etwas Wichtiges gelernt: dumme Sprüche sollte man nicht ernst nehmen:

Diesmal hat Peter sich nicht provozieren lassen. Er hat eine schlagfertige Antwort gegeben und ist dann ruhig weiterspaziert. Kevin weiß nun, dass er mit seinen Sprüchen bei Peter nicht mehr die gewünschte Wirkung erzielt.

> Die hier sowie in »Verbotene und erlaubte Wörter« und »Miteinander reden – Teil A« benutzte Technik geht auf die »Comic-Strip-Gespräche« von Carol Gray zurück. Man kann so Situationen im zwischenmenschlichen Bereich viel besser erklären.

Die Notfalltasche für Ronja

Die Notfalltasche bzw. Wohlfühltasche nehmen wir mit, wenn wir zu Besuch gehen.

Wenn ich bemerke, dass es Ronja mit anderen Kindern zu viel wird, zeige ich ihr das Stoppschild, nehme sie zur Seite und gebe ihr die Wohlfühltasche.

Darin befinden sich verschiedene Dinge, die geeignet sind, sie zu beruhigen. Darin ist: ein rosa Tuch, einen Nuggi, ein Kauspielzeug, das Lift-Buch (Ronja ist Fahrstuhl-Fan!), eine Taschenlampe sowie das Stoppschild.

Es ist abgemacht, dass ihr das Stoppschild sagt, zur Seite zu kommen und die Notfalltasche zu nehmen. Sie darf sich dann zehn Minuten damit verweilen. Danach kann sie wieder zurück zu den Kindern.

Ich merke es, wenn die Stimmung langsam kippt. Die Notfalltasche kommt dann zum Einsatz, bevor Ronja ausrastet, weint oder wegläuft.

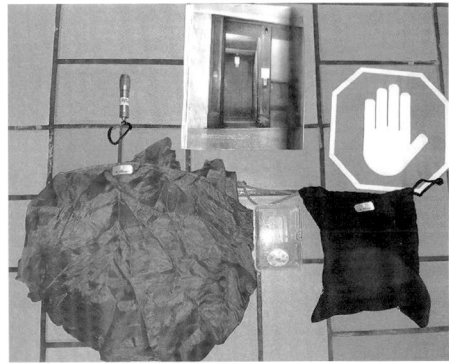

Alltägliches

Alltagsregeln für Patrick in drei Teilen – Teil 1: Der Vertrag mit Patrick

1. Patrick packt jeden Abend seinen Rucksack (gemäß Liste, Teil 2).
2. Patrick macht jeden Abend seine Kleider für den nächsten Tag parat (Achtung: Wetter beachten! Jacke und Schuhe anpassen).
3. Patrick wählt selbst drei Tage pro Woche, an welchen er das Gamen sein lässt.
4. Patrick schmeißt seinen Abfall selbst weg (Taschentücher, Papierfetzen, PET etc.).
5. Teller und Besteck werden nach dem Essen direkt in den Geschirrspüler gestellt.
6. 1 x pro Woche sammelt Patrick seine Wäsche zusammen und bringt diese in die Waschküche.
7. 1 x pro Woche räumt Patrick sein Schlafzimmer und Spielzimmer auf.
8. Wenn Patrick krank ist, dann hört er auf seine Mutter oder seinen Arzt, damit er schnell wieder gesund wird.
9. Patrick hält sich an die Haus-Regeln (gemäß Liste, Teil 3).
10. Für das Einhalten von Regeln kann sich Patrick Belohnungs-Punkte verdienen.

Dieser Vertrag gilt ab 15. August 2020, Unterschriften:

_____   _____
Patrick   Mutter

Teil 2: Rucksack-Liste

 Jeden Tag:

- Etui
- Kommunikations-Mäppchen
- Bus-Abo
- Fröschchen (Stofftier)
- Tröpfchen (Medizin)
- Ersatzkleider (Unterhemd und Langarm-Shirt)
- Fläschchen mit Wasser

Zusätzlich am:

Montag:

- Veeh-Harfen-Mäppchen

Dienstag:

- Badehose
- Badetuch
- Duschgel

Donnerstag:

- Turnsachen
- Turnschuhe
- Badetuch
- Duschgel

Teil 3: Haus-Regeln

Das Zusammenleben in einem Haus erfordert gewisse Regeln und gegenseitige Rücksichtnahme. Diese Hausordnung regelt das Zusammenleben aller Mitbewohner des Hauses.

1. Im Haus ist auf Ordnung und Sauberkeit zu achten.
2. Haustüre und Kellereingang schließen!
3. Schuhe werden im Schuhgestell deponiert.
4. Die Jacke wird am Ständer aufgehängt. Wenn die Jacke nass ist, wird diese in der Dusche aufgehängt.
5. Mittagessen/Abendessen am Esstisch. In Ausnahmen vor dem TV.
6. Während den Nachrichten wird nicht gesprochen.
7. Das TV Programm muss für alle passen.
8. WC: Bitte sauber halten!
9. Für gutes Einhalten der Haus-Regeln kann sich Patrick Belohnungs-Punkte verdienen.

Gemeinsame Benutzung der Küche

 Die Küche wird von allen in der Familie benutzt. Es ist ärgerlich, wenn jemand die Küche verlässt und alles in Unordnung ist. Deshalb wird abgemacht, dass die Küche so verlassen wird, wie es auf den Bildern gezeigt ist:

Falsch:

Richtig:

Es wird in einem »Gesetz« abgemacht, was geschieht, wenn sich jemand nicht an diese Regeln hält.

Zimmer aufräumen

Beispiel 1:

Damit es weniger Konflikte rund um das Aufräumen gibt, sind folgende Abmachungen sinnvoll:

- Es wird abgemacht, wie häufig Aufräumen notwendig ist: täglich, jeden zweiten Tag, wöchentlich …
- Mit freiwilligem Aufräumen gemäß Plan kann man sich Punkte bzw. Familien-Geld verdienen.
- Bei kleineren Kindern bietet ein Elternteil seine Mithilfe an, evtl. lediglich als Starthilfe. Je nach aktiver Mithilfe des Kindes kann dieses dabei mehr oder weniger Familien-Geld verdienen (»Leistungslohn«).
- Es werden Schachteln für verschiedene Inhalte bereitgestellt:
- Lego
- Playmobil
- Autos
- Mal- und Bastelutensilien
- (…)

Beispiel 2:

Alle Kinder müssen abends aufräumen. Die Eltern helfen je nach Alter mit. Die Spielzeugschachteln sind mit Symbolen oder Wörtern, wie »Lego« oder »Eisenbahn« gekennzeichnet, sodass das Aufräumen einfacher fällt.

Tagsüber gilt: Erst ein Spielzeug wieder wegräumen und dann ein neues holen.

Besondere Bauwerke, z. B. ein Turm aus Kappla oder eine Legoburg, darf über Nacht stehenbleiben, wenn das Bauwerk an einem mit den Eltern abgestimmten Platz errichtet wurde, wo es niemanden stört.

Wenn Benni abends die Regel eingehalten hat, wird ihm zehn Minuten mehr vorgelesen oder er darf ein Hörspiel seiner Wahl zusätzlich anhören.

Auferlegte Aufgaben (»Ämtli«) korrekt ausführen

 Timo (11) hat Mühe, Aufträge (z. B. kleine Ämtli im Haushalt) richtig und bis zum Ende auszuführen. Wenn ihm eine Aufgabe gegeben wird, geht dies in der Regel erstens nicht, ohne dass er protestiert und hinterfragt, wieso er dies jetzt machen muss, zweitens nicht, ohne dass er eine Gegenleistung erwartet und drittens ist die Arbeit dann meistens nicht korrekt erledigt.

Damit er alltäglich nötige Arbeitsverrichtungen üben und somit automatisieren kann, haben wir mit ihm zusammen Ämtli im Alltag gesucht und aufgeschrieben. Die Arbeiten dauern nicht länger als 10–15 Min.

Für diese ausgeführten Arbeiten gibt es – bei korrektem Erledigen und ohne sich davor zu sträuben – unterschiedlich viele Punkte, welche er sich seinem »Punktekonto« gutschreiben kann. Wenn er 50 Punkte erreicht hat, darf er wählen zwischen einem kleinen Geldbetrag zusätzlich zu seinem monatlichen Taschengeld oder zusätzlicher Zeit am Computer.

Ämtli, welche wir mit Timo ausgesucht haben:

- Lavabos putzen
- Wohnzimmer saugen
- Esstisch vorbereiten und/oder abräumen
- Kleiner Einkauf im nahegelegenen Dorfladen
- Geschirr-Waschmaschine ausräumen
- Sonderabfall im Keller richtig sortieren (Büchsen, Glas, Plastik etc.)

Die Geschirr-Waschmaschine ist eine regelmäßige Aufgabe. Dann gibt es am Wochenende ab und zu ein Ämtli, das wir ihm auferlegen und welches er dann erledigen muss. Für diese Ämtlis bekommt er aber auch die vereinbarten Punkte. Wenn er in »guter« Verfassung ist, wählt er teilweise selbst noch 1–2 Ämtli aus, um sein Punktekonto zu erhöhen. Nebenbei kann die oft vorhandene Langeweile manchmal so auch verkürzt werden.

Familien-Organisation – die morgendliche To-Do-Liste

Ich habe einige Listen erstellt, z. B. die To-Do-Liste mit allem was die Kinder morgens machen sollten, bevor sie in die Schule gehen. Das ist eine fixe Liste, sie hängt im Badezimmer. Die Kinder können Magnete anheften bei den Punkten, die erledigt sind.

Vorteil für mich, ich muss nicht alles immer wiederholen. Vorteil für die Kinder, sie können es selbständig abarbeiten und fühlen sich nicht bemuttert. Wenn sie abgelenkt werden, frage ich: »Wie weit bist du schon mit deiner Liste?« Ich kombiniere dies mit dem TimeTimer®.

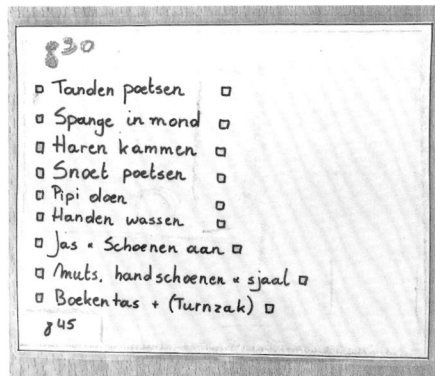

Familien-Organisation – die Moetjes

 Auf der anderen, flexiblen Liste sind Sachen, die heute noch gemacht werden müssen. Diese Kärtchen nennen wir in unserer Familie die »Moetjes«, was Niederländisch für »Muss-chen« ist. Die Aufgaben, die an dem Tag erledigt werden müssen, lege ich vor das Aquarium. Ich muss dann nicht sagen, was sie machen müssen. Darauf wird nämlich oft mit Wut reagiert.

Ich sage nur: »Es hat noch ›Moetjes‹«. Sie können dann selbst einteilen, wann sie was machen. Ich gebe nur eine »spätestens«-Zeit an, die sie brauchen, um etwas in Ruhe erledigen zu können.

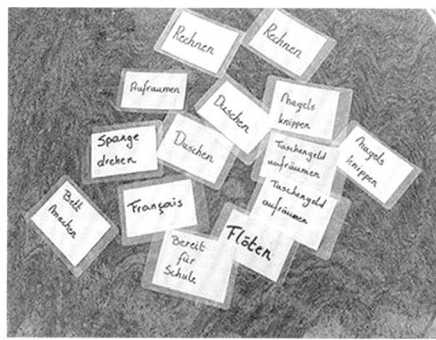

Ins Bett gehen (Kinder)

Alle Kinder werden nach einem langen Tag am Abend müde und müssen irgendwann ins Bett gehen und schlafen. Dies klappt am besten, wenn für alle Kinder eine Zeit abgemacht wird, zu welcher sie ins Bett gehen müssen. Kleine Kinder müssen früher ins Bett, weil sie noch mehr Schlaf brauchen, ältere Kinder können später ins Bett gehen.

Es kann sein, dass es Zeit ist, ins Bett zu gehen, und Du fühlst Dich aber noch nicht müde. Es ist klug, trotzdem ins Bett zu gehen. Es ist gut, wenn bestimmte Dinge immer auf die gleiche Weise gemacht werden. Das gibt eine Regelmäßigkeit und das ist etwas Gutes.

Ins-Bett-gehen funktioniert am besten, wenn immer die gleichen Schritte gemacht werden. Diese sind:

1. Pyjama anziehen und Zähne putzen
2. Ins Bett gehen und eine Gutenachtgeschichte hören oder selbst noch etwas lesen oder ein bisschen Musik hören
3. Mama oder Papa kommen ans Bett und sagen Gute Nacht
4. Licht löschen

Es kann helfen, wenn eine Abmachung getroffen wird. Zum Beispiel: wenn Du rechtzeitig im Bett bist, dann darfst Du noch lesen oder eine Geschichte hören. Wenn Du zu spät im Bett bist, dann musst Du das Licht sofort löschen.

Es ist klug, rechtzeitig ins Bett zu gehen. Es gibt keinen Ärger mit den Eltern und Du bist am nächsten Tag gut ausgeschlafen und fit.

Ins Bett gehen (Jugendliche)

 Auch für Jugendliche ist es sinnvoll, wenn sie sich am Abend an einen bestimmten Ablauf halten und zu einem vernünftigen Zeitpunkt ins Bett gehen, damit sie am nächsten Tag ausgeschlafen und fit für den Alltag sind. Es werden Abschnitte definiert, welche helfen, schrittweise »herunterzukommen« und sich zu entspannen.

Dies sind die verschiedenen Zeitabschnitte:

Zimmerruhe (z. B. 21:00 Uhr)
Zimmerruhe bedeutet, dass der/die Jugendliche sich spätestens zum abgemachten Zeitpunkt in sein eigenes Zimmer zurückzieht und einer ruhigen Tätigkeit nachgeht, wie z. B.: Lesen, Basteln, Gamen, Chatten.

Bettruhe (z. B. 21:30 Uhr)
Bettruhe bedeutet, sich ins Bett zu begeben und dort einer ruhigen Tätigkeit nachzugehen, wie z. B.: Lesen, Chatten. Es ist wichtig, dass während der Bettruhe Körper und Geist immer mehr zur Ruhe kommen und damit das Einschlafen begünstigt wird.

Nachtruhe (z. B. 22:00 Uhr)
Nachtruhe bedeutet, dass nun endgültig die Lichter gelöscht werden und Einschlafen angesagt ist.

Nun ist es so, dass Jugendliche oft Schwierigkeiten mit Einschlafen haben. Wenn dies der Fall ist, weil einen beispielsweise lästige Gedanken verfolgen, können verschiedene Methoden als Hilfe eingesetzt werden, z. B.:

- Leise Musik hören, welche sich nach 10–15 Minuten selbst abschaltet.
- Leise Naturgeräusche hören, welche sich nach 10–15 Minuten selbst abschalten (Wellen rauschen, Regenwald, Blätterrauschen usw.). Es gibt zu diesem Zweck zahlreiche Apps.
- Sich bildhaft etwas Angenehmes vorstellen, z. B. man sei an einem Strand in den Ferien.

Gutenachtgeschichte

Reise ins Schlaraffenland gegen böse Gedanken vor dem Einschlafen

Kęstutis Kasparavičius: Die Reise ins Schlaraffenland. © Verlag Urachhaus, Stuttgart, 2017.

Manuel kann regelmäßig nicht einschlafen, weil er schlechte und belastende Gedanken im Kopf hat, die ihm Angst machen.

Wir machen dann gedanklich eine Reise ins Schlaraffenland. Dies bietet sich bei ihm an, da er gerne isst und es dort keine bösen Kräfte gibt.

Auch das Minecraft-Schlaraffenland funktioniert gut.

Meist weigert er sich zu Beginn, ich fange dann einfach an zu erzählen. Spätestens wenn er der Meinung ist, das Gras sei nicht aus Marzipan, sondern aus Pommes, ist er mit im Boot.

Gemeinsame Ausflüge

 Kinder aus dem Autismus-Spektrum stellen für die Erziehung eine große Herausforderung dar. Schwierig können insbesondere auch Freizeitgestaltung und Ausflüge sein. Manchen Eltern ist grundsätzlich die Lust vergangen, in der Freizeit als Familie etwas zu unternehmen.

Verantwortung aufteilen
Auch bei diesem Thema hat es sich bewährt, wenn die Eltern die Verantwortung aufteilen: Ein Elternteil (A) ist z. B. bei einem Ausflug für das Kind mit Autismus (A-Kind) zuständig und der andere Elternteil (B) für die Geschwister (es ist sinnvoll, diese Aufteilung nicht immer gleich zu machen). Wann immer also das A-Kind etwas braucht oder ein Problem hat, ist klar, wer sich darum kümmert und der andere Elternteil kümmert sich um die Geschwister.

Vorübergehend getrennte Wege gehen
Wenn diese Aufteilung abgesprochen ist, ist es auch jederzeit möglich, sich zu trennen. Diese Möglichkeit sollte immer dann in Betracht gezogen werden, wenn die Situation eskaliert oder zu blockieren droht. Die Wege von A-Kind und A-Elternteil sowie den Geschwistern und dem B-Elternteil trennen sich dann für einen vereinbarten Zeitraum. Diese örtliche und zeitliche Trennung kann größer oder kleiner sein, Handys geben dabei eine zusätzliche Flexibilität. Es ist durchaus möglich, dass nach der vorübergehenden Trennung die Familie eine Zeit lang wieder gemeinsam weitermacht.

Worst case: vorzeitig nach Hause gehen
Es kann auch nötig sein, dass je nach Problematik der A-Elternteil mit dem A-Kind vorzeitig nach Hause geht. Das ist je nach Ausmaß der sozialen Anforderungen, die der Ausflug gestellt hat, ja auch sinnvoll. Wenigstens sind dann die Geschwister nicht dem Frust ausgesetzt, wegen dem »mühsamen« Bruder (oder Schwester) ebenfalls früher heimkehren zu müssen.

Getrennte Aktivitäten
Natürlich macht es auch Sinn, von Anfang an getrennte Aktivitäten zu planen. Einem Kind mit Autismus ist es immer dann am wohlsten, wenn es sich nur mit einer Person gleichzeitig beschäftigen muss bzw. wenn es die ungeteilte Aufmerksamkeit von einer Bezugsperson bekommt (1 : 1-Situation).

Gesetz – die Badewanne

Nils badet sehr gerne. In diesem Gesetz wird geregelt, auf was er dabei achten muss. §

Im Umgang mit Wasser und Duschmittel muss man gewisse Regeln einhalten, weil sonst eine Sauerei entsteht und diese nachher niemand aufputzen will. Deshalb gelten beim Baden folgende Regeln:

- Es wird nicht so heftig geplanscht, dass der Boden nass wird.
- Das Duschmittel wird sparsam benutzt und nicht damit herumgespritzt.
- Wenn die abgemachte Zeit vorüber ist, verlässt Nils die Badewanne, trocknet sich ab und zieht den Pyjama an.

Wenn Nils diese Regeln einhalten kann, darf er vor dem Ins-Bett-Gehen noch ein paar Youtube-Videos schauen, sonst nicht.

Wenn Nils eine große Sauerei macht, muss er beim Aufwischen helfen.

Familiengesetzbuch der Familie Meier-Müller

§ Die Familie Meier-Müller, im Bewusstsein der Verantwortung füreinander, im Willen sich gegenseitig zu unterstützen und die Entwicklung und Entfaltung eines jeden Mitglieds zu fördern sowie mit dem Ziel, friedlich und fröhlich zusammenzuleben, gibt sich folgende Regeln:

§ 1 Körperliche Angriffe

1. Es ist verboten, Mitbewohnerinnen und Mitbewohner physisch anzugreifen (z. B. Schlagen, Treten, Würgen, Kratzen, Beißen, an den Haaren ziehen).
2. Vorausgehende Provokationen stellen keinen Rechtfertigungsgrund dar.
3. Verstöße werden mit unmittelbarem Zimmerarrest von minimal fünf Minuten bis zu einer Stunde bestraft. Absatz 5 gilt sinngemäß.
4. Zusätzlich zum Zimmerarrest, ist eine gemeinnützige Arbeit zugunsten der Familie zu leisten, die dem Wohlbefinden und der Entwicklung eines friedlichen Zusammenlebens aller Lebewesen im Haushalt förderlich ist.
5. Die Art der gemeinnützigen Arbeit wird durch Mama oder Papa festgelegt.
6. Ehrlich gemeinte Entschuldigungen werden strafmildernd berücksichtigt.
7. Der Entscheid über den Zimmerarrest gemäß Absatz 4 ist endgültig. Gegen den Entscheid über die gemeinnützige Arbeit kann an den anderen Elternteil gelangt werden. Dieser entscheidet nach Anhörung aller Beteiligten abschließend.

Begründung: Gewalt wird nicht toleriert. Nulltoleranz!

§ 2 Schwere Beleidigungen

§ 1 gilt analog auch für schwere Beleidigungen.

§ 3 Gemeinsame Aktivitäten

1. Nach Möglichkeit wird wöchentlich eine gemeinsame Aktivität (z. B. Ausflug, Fahrradtour, Wanderung) durchgeführt.
2. Alle Kinder haben ein Mitspracherecht bei der Auswahl und der Planung der Aktivität. Vorschläge werden bis zum Entscheid über die Durchführung einer Aktivität entgegengenommen.
3. Die Eltern entscheiden über die Art, das Datum und die Durchführung einer Aktivität abschließend.

4. Für nicht alltägliche Situationen (z. B. Ferien) gelten besondere Regelungen.
5. Bei einer Weigerung, an einer gemeinsamen Aktivität teilzunehmen, oder bei anderen unentschuldigten Abwesenheiten, folgt eine Kürzung der Zeit für die Nutzung elektronischer Geräte aller Art. Über die Kürzung entscheiden Mama und/oder Papa.

Begründung: Eltern sind weltweit verpflichtet dafür zu sorgen, dass Kinder genügend Bewegung, wenn möglich an der frischen Luft, sowie Anregungen aller Art erhalten.

Beschlossen vom Familienrat am 20. 8. 2020

Die Familie Schweizer außer Haus

 Unternehmungen in der Öffentlichkeit sind für Familien mit »Spektrumskindern« immer wieder sehr herausfordernd. Beispiele: Einkaufen, Spielplatz, Besuch im Tierpark usw.

Folgende Richtlinien haben sich bei uns bewährt:

1. **Welche Vorbereitung braucht mein Kind für geplante Unternehmungen?**
   - Alle Hilfsmittel, auf die mein Kind erfahrungsgemäß gut anspricht, für Unternehmungen bereitlegen! Z. B. Gehörschutz, Ausflugsablauf in Piktogrammen oder geschriebener Form, für Fahrten mit ÖV oder auch Auto: Lieblingsbücher, CD-Player mit ausgewählten Lieblings CDs, Knobelspiele usw.
   - Regeln vorab klarmachen (z. B. Kinder sitzen im ÖV getrennt).
   - Immer noch einen Joker für den Notfall bereithalten (z. B. ein Spiel im Sinn haben, welches das Kind in den Bann zieht, aber keinerlei Hilfsmittel braucht, z. B.: ich sehe was, was du nicht siehst).
2. **Nicht den allgemeinen Trends folgen**
   Wenn die Mehrheit z. B. im September nicht mehr Baden geht, sondern in den Tierpark oder Zoo ... dann nutzen die »Spektrumsfamilien« den milden September für Besuche in der Badeanstalt!
   Oder sie gehen bei Nieselregen oder Schnee in den Tierpark, und nicht ins Kino oder ins Hallenbad wie die meisten. Dabei genießen sie die Ruhe und reizarme Umgebung!
3. **Sich einstellen auf negative Reaktionen**
   Wenn »Zuschauer«, die sich während unangemessenem Benehmen um den Betroffenen scharen und/oder sich verachtende Blicke und Kommentare anmaßen: Bereithalten einer Infokarte über den Autismus des Kindes (z. B. »Dies ist ein autistischer Meltdown und keine schlechte Erziehung!«)
   Als »Spektrumseltern« reift man mit den Jahren und der Anzahl der negativen Erfahrungen in der Öffentlichkeit! Die Ausbrüche der Kinder bieten dann sogar eine echte Chance auf Aufklärung im Bereich Asperger und Autismus! Man wird fähig, den irritierten Personen in der Umgebung mit kurzen, prägnanten Erklärungen über die Beeinträchtigung des Kindes gegenüberzutreten.
4. **Kinder aufteilen**
   So oft wie nötig Kinder aufteilen, um gegenseitiges Aufschaukeln zu vermeiden! Wichtig: den Kindern klarmachen, dass aufteilen keine Strafe ist, sondern manchmal einfach nötig.

5. **Pausen einlegen an einem ruhigen Ort**
   Es gibt sogar im Zoo einen ruhigen Ort, z. B. ein abgelegeneres Stück Wiese, wo man eine Decke ausbreiten und sich zurückziehen kann.
6. **Last but not least: Fortschritte als ganze Familie *feiern!***
   Z. B. bei einem friedvollen, entspannten Essen als *ganze* Familie im Restaurant mit den großen Asperger-Jungs sich daran zurück erinnern, was für ein Stress Restaurantbesuche noch vor wenigen Jahren für alle Familienmitglieder bedeutet haben und welche Fortschritte und Entwicklung die Kinder seither gemacht haben!

Probleme rund ums Essen

 Essprobleme oder zumindest wählerisches Essverhalten sind bei Kindern aus dem autistischen Spektrum ausgesprochen häufig. Es ist sehr wichtig, die Grundlagen dazu besser zu verstehen, dann kann man als Bezugsperson bereits besser damit umgehen. Es gibt mehrere Gründe für das schwierige Essverhalten autistischer Kinder:

1. *Probleme mit der Körperwahrnehmung und insbesondere der Wahrnehmung von Hunger und Durst.* Kinder mit autistischer Wahrnehmung haben oft gar keine richtigen bzw. keine bewussten Hungergefühle. So kann es sein, dass sie über Bauchweh klagen und eigentlich Hunger haben.
2. Die *Überbewertung von Details* kann dazu führen, dass Nahrungsmittel nicht wegen ihres Geschmacks, sondern wegen Kleinigkeiten betreffend das Aussehen, den Geruch, das Ablaufdatum auf der Verpackung usw. abgelehnt werden.
3. *Überempfindlichkeiten in Bezug auf taktile Reize* in der Mundhöhle (körniger Reis, Früchte-Teile in der Konfitüre oder im Joghurt usw.) können zu Ablehnung führen.
4. Bestimmte *gedankliche Vorstellungen* (z. B. Fleisch: Es mussten Tiere leiden und getötet werden!) können zum Problem werden. Kinder aus dem autistischen Spektrum entwickeln sich nicht selten zu Vegetariern.
5. Die *Abneigung gegen Unbekanntes* im Allgemeinen bzw. die Vorliebe für Routinen führen dazu, dass die betreffenden Kinder auch beim Essen am liebsten immer wieder das Gleiche und Vertraute wünschen. Dies steht dem Wunsch des Restes der Familie nach Abwechslung gegenüber und führt zu Konflikten.
6. Schlussendlich spielen natürlich auch die *Tischsitten* eine Rolle bei der Entstehung von Konflikten. Autistische Kinder betrachten das Essen als reine Nahrungsaufnahme und haben wenig Verständnis für den sozialen Aspekt des gemeinsamen Essens. So wollen sie möglichst schnell anfangen (und nicht auf die anderen warten) und möglichst bald auch wieder vom Tisch weggehen, wenn sie selbst satt sind. Ich bin der Meinung, dass es bei solchen Konflikten sinnvoll ist, von allzu strengen Tischsitten Abschied zu nehmen!

Ganz grundsätzlich sind Eltern gut daran beraten, wenn sie von traditionellen Vorstellungen rund um das Essen und die Mahlzeiten Abstand nehmen oder zumindest jederzeit bereit sind, Kompromisse einzugehen. Dies gilt sowohl für mehr »disziplinarische« Fragen (Wie lange muss das Kind am Tisch bleiben? Muss der Teller leergegessen werden? Muss von allem probiert werden? Wie muss das Besteck gehalten werden?) wie auch für Menü-bezogene Themen (Isst das Kind dasselbe wie die andern oder bekommt es eine »Extrawurst«? Wie weit kommen die Eltern den einschränkenden Wünschen entgegen? usw.).

Entscheidend ist aus meiner Sicht, dass die Eltern immer soweit flexibel sind, dass es rund um das Essen nicht zu eskalierenden Konflikten kommt. Wenn es in diesem Bereich zu einem Machtkampf kommt, dann sitzt das Kind grundsätzlich immer am längeren Hebel. Essen ist nun einmal freiwillig und gegen einen Hungerstreik ist kein Kraut gewachsen!

Das heißt nun wieder nicht, dass die Eltern in allem nachgeben müssen. Aber wenn sie Einfluss auf das Essverhalten nehmen wollen, dann nicht über Druck und Zwang, sondern über das Schaffen von Anreizen, z. B.: »Wenn Du das, was Du Dir geschöpft hast, auch fertig isst, dann bekommst Du ein Dessert.« Oder: »Wenn Du die Abmachungen, die wir in Bezug auf das Essen getroffen haben, einhältst, kannst Du Dir Punkte verdienen.« usw.

Wenn die Eltern und das weitere Umfeld eines autistischen Kindes für dessen Probleme rund um das Essen genügend Verständnis zeigen, dann können viele Konflikte umgangen werden. Wenn dies aber nicht der Fall ist, dann können durch Chronifizierung dieser Konflikte Essstörungen im engeren Sinne entstehen. Gemeint sind damit: Mangelernährung, Magersucht und/oder Bulimie (Brechsucht). Spätestens dann, wenn eine solche Essstörung (Komorbidität mit eigenem Krankheitswert) entstanden ist (meist im Teenager-Alter), ist fachliche Hilfe unbedingt erforderlich.

Ratschläge für Eltern betreffend dem Thema Essen

 Auf der vorangehenden Informationsseite wurde darauf hingewiesen, warum das Thema Essen so oft mit Problemen behaftet ist. Es folgen nun eine Reihe von nützlichen Empfehlungen:

- Trennen Sie die eigentliche Nahrungsaufnahme beim autistischen Kind vom Essen als sozialen Anlass! Es kann z. B. günstig sein, wenn das betroffene Kind zuerst in Ruhe isst und der Rest der Familie später hinzukommt. Wenn das autistische Kind fertig ist mit Essen kann es den Tisch jederzeit verlassen.
- Eine andere Möglichkeit zur Verringerung von Konflikten kann sein, dass es keine ritualisierte Abfolge gibt im Sinne: 1) Alle setzen sich an den Tisch, 2) Es wird geschöpft, 3) Alle beginnen gleichzeitig mit Essen, 4) Alle verlassen gemeinsam am Ende der Mahlzeit den Tisch.
  Eine mögliche Alternative ist das Prinzip des Büfetts: Die Familienmitglieder bedienen sich an einem Büfett, nicht unbedingt alle zur gleichen Zeit, nicht alle schöpfen sich dasselbe, es gibt kein gemeinsames Beginnen und Beenden der Mahlzeit.
- Oder: das autistische Kind erhält als »Vorspeise« ein bevorzugtes (gesundes!) Nahrungsmittel, von welchem es so viel essen kann wie es will. Die darauffolgende »Hauptspeise« ist dann fakultativ.
- Es wird eine Liste von gesunden Nahrungsmitteln gemacht und eine Liste von ungesunden. Es wird vereinbart, dass gesunde und ungesunde Speisen in einem bestimmten vernünftigen Verhältnis stehen müssen.
- Zur Illustration von gesunden und weniger gesunden Nahrungsmitteln kann die »Ernährungspyramide« benutzt werden.
- Falls notwendig, wird eine familienexterne Fachperson mit einbezogen, z. B. der Zahnarzt/die Zahnärztin, oder Kinderarzt/Kinderärztin, welche dann ein »Gesetz zur gesunden Ernährung« mitunterzeichnen.
- Das Einhalten von Regeln rund um das Thema Essen wird mit sinnvollen Belohnungen verknüpft.

Gesetz: Gesunde Ernährung

Eltern sind dazu verpflichtet, für die Gesundheit ihrer Kinder zu sorgen, und dazu gehört auch eine gesunde Ernährung. Was das bedeutet, zeigt die sogenannte Ernährungs-Pyramide. Was unten in der Pyramide ist, kann ohne Einschränkung zu sich genommen werden. In der Spitze der Pyramide sind die weniger gesunden Dinge, die beschränkt werden müssen.

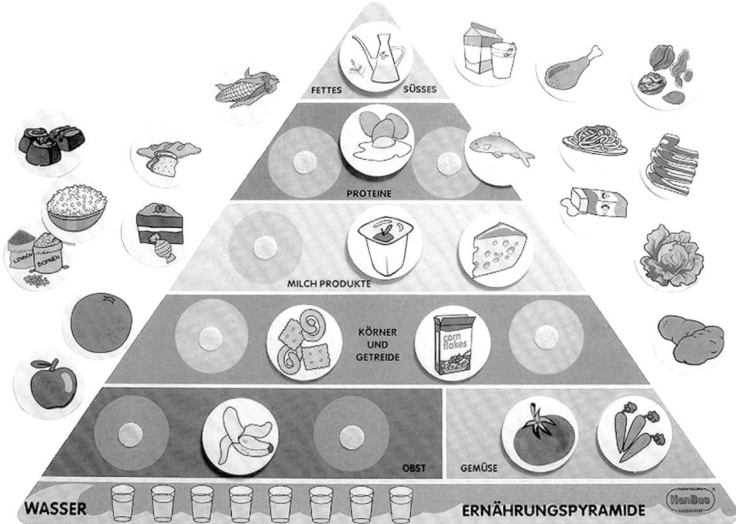

Ernährungspyramide (Hersteller: eduplay, vertrieben durch Dusyma Kindergartenbedarf GmbH, www.dusyma.com)

Es gelten deshalb bei uns folgende Regeln:

- Wasser, Milch und alle anderen ungesüßten Getränke darf man trinken so viel man will.
- Gemüse und Früchte kann man essen, so viel man will und wann man will. Ausnahme: Bananen! Diese sind beschränkt auf 1–2 pro Tag.
- Teigwaren, Reis, Kartoffeln und andere Beilagen mit hohem Kohlenhydrat-Anteil sind grundsätzlich ebenfalls unbeschränkt. Wenn ein Familienmitglied jedoch zu Übergewicht neigt, so ist eine Begrenzung sinnvoll.

- Fleisch, Fisch und Milchprodukte sind begrenzt und werden eher sparsam konsumiert. Die Eltern achten auf eine faire Verteilung.
- Nahrungsmittel mit hohem Fettanteil (Butter, Öl) werden sparsam konsumiert.
- Süßigkeiten (hoher Zuckeranteil!) sind sehr schmackhaft und beliebt, aber in größeren Mengen auch sehr ungesund. Hier achten die Eltern besonders darauf, dass Süßigkeiten nur sparsam konsumiert werden. Sie sind als Belohnung für das Einhalten der gesunden Ernährung gedacht!

Gesetz: Zähne putzen

Unsere Zähne brauchen wir jeden Tag, um zu essen und zu kauen. Sie sind sehr wichtig und sollten ein ganzes Leben lang gesund bleiben. Wenn wir sie nicht regelmäßig putzen, gehen sie kaputt.

Deshalb gelten für Elliot folgende Regeln:

1. Nach jedem Essen müssen die Zähne geputzt werden. Mama oder Papa helfen dabei, weil Elliot das noch nicht gut allein kann.
2. Elliot hilft beim Zähne putzen mit, sodass es schnell erledigt werden kann.
3. Mama und Papa sind sehr froh, wenn Elliot mithilft und vereinbaren, dass es bei guter Mithilfe eine kleine Belohnung gibt.

Unser Bildschirmzeit-Familiengesetz

§ Mit der Unterschrift unter diesem Gesetz einigen wir uns darauf, die hier aufgeführten Regeln bei der Benutzung unserer Bildschirmgeräte einzuhalten:

Kind	Eltern
Wenn meine Eltern mit mir sprechen, werde ich zuhören und mich nicht mit meinen Geräten beschäftigen.	Wenn meine Kinder mit mir sprechen, werde ich zuhören und mich nicht mit meinen Geräten beschäftigen
Ich werde keinen Streit auslösen, wenn meine Eltern mich während meiner Bildschirmzeit unterbrechen.	Ich respektiere und stimme der Bildschirmzeit meiner Kinder zu und werde nur unterbrechen, wenn es unbedingt notwendig ist.
Während meiner Bildschirm-freien Zeit werde ich nicht nach mehr Bildschirm-Zeit fragen und mich anderweitig beschäftigen.	Während der Bildschirm-freien Zeit werde ich nicht über die Dinge, die noch erledigt werden müssen, sprechen.
Ich werde meine Geräte nicht an den Esstisch bringen.	Ich werde meine Geräte nicht an den Esstisch bringen.

Dieses Gesetz soll helfen, dass alle Familienmitglieder einen vernünftigen Umgang mit Bildschirmgeräten pflegen. Für jedes Familienmitglied wird ein angemessenes Limit an täglicher Bildschirmzeit festgelegt.

Es können Abmachungen getroffen werden, welche kleinen Konsequenzen es hat, wenn sich ein Familienmitglied nicht an die Regeln hält.

Die Wohnung verlassen

Manche haben das Problem, dass sie beim Verlassen der Wohnung plötzlich denken, sie hätten den Herd nicht abgeschaltet. Oder im Treppenhaus taucht die Frage auf: »Habe ich auch wirklich die Wohnungstür abgeschlossen?« Gegen solche Probleme hilft eine Checkliste! Sie wird am Computer geschrieben und an der Haustüre innen aufgehängt oder auf eine Karte gedruckt (Format A6 oder kleiner), evtl. auch noch laminiert.

Checkliste

1. Sind alle elektrischen Geräte abgeschaltet?
2. Habe ich alle Lichter gelöscht?
3. Sind alle Fenster geschlossen?
4. Habe ich das Wichtigste dabei?
– Schlüsselbund
– Brieftasche
– Handy
– Abonnement für ÖV
5. (…)

Das regelmäßige Benutzen der Checkliste führt zu einer Gewohnheit und wird mit der Zeit automatisiert.

Wetter und passende Kleidung – der »Wettermax«

 Welche Kleider passen zu welchem Wetter? Das ist eine Frage, welche wohl in vielen Familien immer wieder zu Diskussionen führt.

Hier ein Lösungsweg: Seit die Kinder klein sind haben wir eine Wetterstation im Wohnzimmer, welche die Temperatur innen und außen anzeigt und eine Figur enthält, die sich dem Wetter entsprechend kleidet. Wir nennen ihn den »Wettermax«.

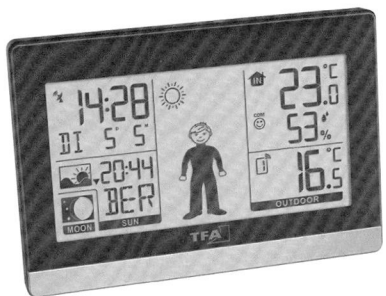

»Wettermax« (www.tfa-dostmann.de)

Als die Kinder noch klein waren, haben wir sie vor dem Verlassen des Hauses aufgefordert zu schauen, was der »Wettermax« trägt. »Schau, er hat eine Jacke und Schuhe an, weil es draußen kalt ist. Darum solltest du das auch anziehen.«

Später fingen wir an, mit den Temperaturen zu arbeiten. Die Kinder durften immer wieder im Garten ausprobieren, ob ihre Kleidung zum Wetter passt. Im Winter barfuß draußen gibt es irgendwann kalte Füße. Wir haben danach besprochen, dass die Füße kalt sind, weil es nur 3 °C hat (ersichtlich an der Außentemperatur auf der Wetterstation).

So haben wir gemeinsam Regeln entwickelt, wie z. B.: unter 15 °C geht man nicht in einem T-Shirt nach draußen usw.

Heute reicht es, wenn ich sage, sie sollen nachsehen, welche Temperatur der »Wettermax« anzeigt.

Hinweis: Um die Mitarbeit zu fördern, kann es sinnvoll sein, das Lesen und Befolgen von »Wettermax« mit einer kleinen Belohnung zu verknüpfen.

Tagesstruktur: Der Mami-Streifen und der Ronja-Streifen

Dies ist ein Beispiel dafür, wie man dem Kind helfen kann, den Überblick über den Tag zu behalten. An der Wand sind nebeneinander zwei Magnetstreifen, links sind die Tätigkeiten der Mutter aufgereiht, und rechts dazu, synchron, die Tätigkeiten des Kindes.

Es ist gleichzeitig eine Aufforderung an das Kind, sich in der Zeit, in welcher die Mutter beschäftigt ist, selbst zu beschäftigen.

Der Ablauf sieht dann so aus:

- Einkaufen: gemeinsam!
- Mutter trinkt einen Kaffee – Ronja hört im Zimmer eine Geschichte
- Mutter ist beim Staubsaugen – Ronja malt im Zimmer etwas
- Abends: Zusammen etwas am TV schauen

Rezept gegen Fliegen und Wespen

 Viele Kinder mit ASS erleben Stress mit lästigen, unberechenbaren fliegenden Objekten, allen voran Fliegen und Wespen.

Das beste Rezept gegen entsprechende Ängste ist das Erleben von *Selbstwirksamkeit!*

Und so geht es:

- Eine leere Sprühflasche (z. B. für Glasreiniger) wird mit ganz normalem Wasser gefüllt.
- Heranfliegende Insekten werden ganz einfach mit Wasser besprüht. Das hassen sie, fügt ihnen aber keinen Schaden zu (in Deutschland sind Wespen geschützt!). Sie treten den Rückzug an.
- Wenn man Lust hat, kann man gleichzeitig »Verpiss Dich!« rufen.
- Der große Vorteil dieser Sprühmethode ist: Wenn andere Personen oder Gegenstände (Tisch, Teller, Nahrungsmittel) mit getroffen werden, macht das gar nichts (keine sogenannten Kollateralschäden …)!

Grundsätzliches

Das Familien-Gesetzbuch

Gesetze bilden zusammen das Familien-Gesetzbuch. Dies geht von der Idee aus, dass Kinder mit ASS oft wie Erwachsene denken und argumentieren. Und so, wie wir Erwachsenen Wert darauflegen, dass alles, was wir als Bürger befolgen müssen, in Gesetzen geregelt ist, so enthält das Familien-Gesetzbuch alle wichtigen Regeln, welche das Kind befolgen sollte.

Jedes Gesetz besteht strukturell aus drei Teilen: Es beginnt mit einer Einleitung, welche den Inhalt des Gesetzes formuliert. Danach folgt eine Begründung, warum dieses Gesetz notwendig ist. Und schließlich folgt eine Abmachung, was das Einhalten oder Missachten des Gesetzes für Konsequenzen hat.

Grundsätzlich soll das erwünschte Verhalten mit einem Anreiz/einer Belohnung verknüpft sein, und das Nichteinhalten des Gesetzes kann einfach einen Wegfall der Belohnung mit sich bringen.

Sanktionen sind nur in Ausnahmen sinnvoll, v. a. wenn es zu gewalttätigen oder zerstörerischen Handlungen kommt.

Das Familien-Geld

 Ich empfehle grundsätzlich, dass man bei Kindern im Autismus-Spektrum mit Belohnungen bzw. Anreizen für positives Verhalten arbeitet. Es gibt da viele verschiedene Möglichkeiten: unmittelbare Belohnungen (wenn …, dann …), Punkte sammeln, Smilies sammeln usw.

Hier möchte ich nun ein System vorschlagen, das sehr vielseitig ist und über längere Zeit nicht geändert, sondern nur angepasst werden muss. So wie jedes Land eine Währung hat, um den Tausch von Waren und Dienstleistungen zu vereinfachen, kann die Familie auch eine eigene Währung erfinden und sie z.B. Meier-Franken oder Müller-Euro nennen.

Für verschiedenstes positives Verhalten, wie es in Gesetzen und Rezepten beschrieben wird, kann man sich Familien-Geld verdienen und dieses sparen. Es wird in der Familie abgemacht, was man für einen bestimmten Betrag eintauschen kann.

Es sind der Fantasie keine Grenzen gesetzt, als Familie Geld zu drucken oder Spielgeld zu benutzen. Und wie auch eine Notenbank müssen die Eltern sich überlegen, wie sie das Familien-Geld gegen dreiste Fälschungen absichern können. Das Familien-Geld soll dabei durchaus ernst gemeint sein, aber nie tierisch-ernst. Es soll einen Spaß-Faktor enthalten.

Indem die Eltern – in Absprache mit den Kindern – konkrete, abgestufte Beträge für ein bestimmtes Verhalten definieren, können sie mit der Höhe des Betrages deutlich machen, wie wichtig es ihnen im Einzelnen ist.

Und umgekehrt: Von der Mutter eines betroffenen Kindes habe ich eine sehr nützliche Rückmeldung erhalten. Sie fragt ihren Sohn zuweilen, wie schwierig eine bestimmte Anforderung für ihn sei, und formuliert dies so: »Was müsstest Du als Anreiz bekommen, damit Du diese schwierige Sache erledigen kannst (z.B. Zahnarztbesuch)?« Sie erhielt jeweils sehr hilfreiche/vernünftige Vorschläge und konnte so auch selbst besser einschätzen, wie schwierig etwas Bestimmtes für ihren Sohn offenbar war!

Schmerzensgeld für Geschwister

Wir kennen den Begriff Schmerzensgeld aus unserem Alltag. Es ist ein juristischer Begriff, der zum Zuge kommt, wenn jemandem ein Unrecht widerfuhr, das nicht rückgängig gemacht werden kann. Aber es kann sprichwörtlich »versüßt« werden.

Geschwister von autistischen Kindern haben mit einer Reihe von Ungerechtigkeiten zu kämpfen:

- Geduldig sein, wenn Bruder oder Schwester ihre Meltdowns haben,
- Schweigen, wenn sie am liebsten einen Kommentar abgeben würden,
- Verständnis zeigen, wenn die Eltern dem Bruder oder der Schwester gegenüber nachsichtiger sind bzw. mit unterschiedlichen Ellen messen,
- Vom autistischen Geschwister allerlei Aggressionen (Beschimpfungen, Beleidigungen, Tätlichkeiten) einstecken usw.

Es ist wichtig, dass:

1. diese Ungerechtigkeiten anerkannt werden,
2. dem Geschwister erklärt wird, warum dies so ist,
3. eine Kompensation (Schmerzensgeld) angeboten wird.

Diese Kompensation kann auf verschiedene Weisen erfolgen:

- Ein Elternteil unternimmt mit dem Geschwister – und nur mit ihm – von Zeit zu Zeit etwas Besonderes.
- Die einzelnen Vorfälle werden diskret registriert und eine Art Konto darüber geführt. Das Geschwister kann dann z. B. mit Familiengeld entschädigt werden.

Eltern als Team

 Kinder aus dem Autismus-Spektrum stellen für die Erziehung eine große Herausforderung dar. Oft werden Aufforderungen grundsätzlich mit einem »Nein« quittiert, und umgekehrt können die betroffenen Kinder kaum ein »Nein« akzeptieren.

Zudem ist es meistens so, dass sich Vater und Mutter in vielen Dingen nicht absolut einig sind. Zur schwierigen Erziehungsaufgabe kommt damit noch eine weitere Schwierigkeit hinzu: sich auf eine gemeinsame Strategie einigen.

Deshalb haben sich zur Vereinfachung der Situation folgende zwei Strategien bewährt:

A: Einen Schicht- bzw. Ablöse-Plan erstellen
Oft organisieren sich die Eltern ja so, dass sie sich in der Erziehungsverantwortung ablösen, v. a. im Zusammenhang mit der Berufstätigkeit. Aber auch wenn beide Eltern zu Hause sind, kann es sehr hilfreich sein, die Verantwortung zeitlich aufzuteilen, sodass immer nur ein Elternteil »erzieht« und der andere Elternteil in dieser Zeit »frei« hat. So kommt es zu keinen unnötigen Diskussionen zwischen den Eltern über richtig und falsch.

B: Ressorts bilden
Bei dieser Strategie spielt es grundsätzlich keine Rolle, welcher Elternteil zu Hause ist oder ob beide zu Hause sind. Zur Vermeidung von Diskussionen werden – wie in einer Regierung – sogenannte Ressorts oder Zuständigkeiten definiert. Beispiele dafür können sein:

- Hausaufgaben, auf Prüfungen lernen
- Taschengeld, Ausgaben, Sparen
- Pflichten im gemeinsamen Haushalt
- usw.

Selbstverständlich können die Eltern – unter sich, und in einem ruhigen Moment – diese Ressorts miteinander diskutieren und sich möglichst weitgehend einigen. Entscheidend ist, dass nur *ein* Elternteil die Diskussion oder den Konflikt mit dem Kind austrägt und dabei in Eigenverantwortung handeln kann.

Vom Sinn des Sparens

Alle Menschen, ob Kinder oder Erwachsene, bekommen regelmäßig Geld. Sie müssen lernen, gut damit umzugehen. »Soll ich mit dem Geld sofort etwas kaufen oder soll ich es für später aufheben (sparen)?« Diese Frage stellt sich immer wieder.

Besonders Kinder möchten das Geld, das sie haben, rasch für etwas ausgeben, worauf sie Lust haben. So kann es sein, dass das Geld schon bald verschwunden ist. Für später bleibt dann nichts übrig.

Es gibt aber Dinge, die kosten mehr Geld, als man gerade zur Verfügung hat. Für solche Dinge muss man sparen. Dafür ist dann die Freude umso größer, wenn man sich später etwas Besonderes kaufen kann.

Der Sinn des Sparens kann so zusammengefasst werden:

- Wenn ich Geld spare, kann ich mir später etwas Besonderes kaufen.
- Wenn ich Geld spare, kann ich jederzeit etwas kaufen, was ich gar nicht geplant hatte, etwas Unvorhergesehenes also. Ein gutes Beispiel ist, einem anderen Menschen ein Geschenk zu kaufen, z. B. zum Geburtstag.
- Wenn ich Geld spare, dann gebe ich es nicht unüberlegt für etwas aus, was mich im Nachhinein reut.
- Mit Sparen lerne ich etwas ganz Wichtiges für das spätere Leben. Wenn ich größer bin, gibt es viele Dinge, die ich regelmäßig bezahlen muss (Essen, Wohnen, Steuern) und für die ich einen Vorrat an Geld anlegen muss.

Zwei Wege – zwei Erziehungsstile

 »Zwei Wege« heißt einerseits eine Gebrauchsanweisung, die auf der nächsten Seite abgebildet ist: Ein Kind sitzt im Klassenzimmer und sollte lernen, einen Auftrag auszuführen, statt sich ablenken zu lassen und dann evtl. in Streit mit anderen Kindern zu geraten. Anhand der Gebrauchsanweisung wird aufgezeigt, dass es zwei Wege gibt. Weg A führt zum Erfolg und wird mit der Beschäftigung mit einem Lieblingsthema belohnt. Weg B hingegen führt nicht zum Erfolg und z. B. in ein Time-Out.

Anhand dieses Beispiels wird anderseits aber auch illustriert, dass es in der Erziehung zwei verschiedene Wege gibt, einen herkömmlichen und einen »ungewöhnlichen«. Dieser ungewöhnliche Weg hat sich mit Kindern des Autismus-Spektrums und generell mit »schwierigen« Kindern bewährt.

Der herkömmliche Erziehungsstil ist charakterisiert durch die *Beziehung*: Erwachsener und Kind kommunizieren und interagieren miteinander. Der Erwachsene gibt dem Kind hin und wieder Anweisungen. Das Kind befolgt diese meistens, weil es die natürliche Autorität der Eltern respektiert. Falls das Kind einmal nicht gehorcht, wird der Erwachsene etwas bestimmter, vielleicht etwas lauter, und das Kind merkt intuitiv, dass es sich nun fügen sollte. Wenn es nicht anders geht, erhält das Kind möglicherweise eine Strafe/Konsequenz.

Beim »ungewöhnlichen« Erziehungsstil ist dies grundsätzlich nicht anders, aber es wird anders kommuniziert. Anhand der »Zwei Wege« wird das Kind ebenfalls zum erwünschten Verhalten geführt, aber auf eine eher unpersönliche Weise. Eine Gebrauchsanweisung wird gemeinsam erarbeitet mit dem Ziel, dass das Kind sich daran orientiert. Eine emotional gefärbte Interaktion wird vermieden. Belohnung und Bestrafung (Konsequenz) werden nicht als solche deklariert, sondern als logische Folgen eines eingeschlagenen Weges beschrieben.

Zwei Wege – Du kannst wählen!

In jeder Situation gibt es verschiedene Möglichkeiten, die Du wählen kannst. Hier wird für die Schule beschrieben, wohin **Weg A** und **Weg B** führen:

A

Du bist in der Schule und solltest schreiben.

B

Du nimmst Dein Heft und beginnst.

Du stehst auf und es gibt Streit mit Timo.

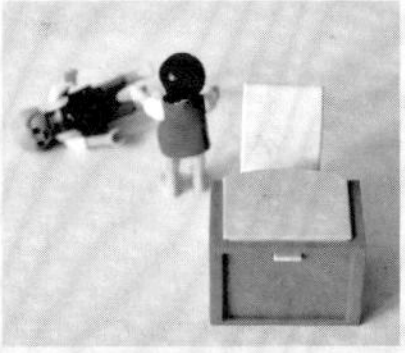

Die Lehrerin kommt vorbei und ist zufrieden!

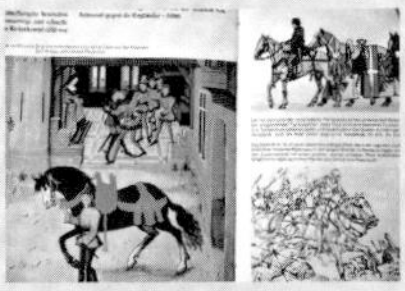

Plötzlich liegt Timo am Boden und schreit.

Du kannst an Deinem Ritter-Projekt weiterarbeiten!

Die Lehrerin schickt Dich ins Tome-Out mit dem Hauswart

Ein Verstärkersystem für den Alltag – der Pointy©

Der Pointy© ist ein ausgezeichnetes Hilfsmittel, um in der Erziehung unnötigen Konflikten aus dem Weg zu gehen. Er beruht auf dem Prinzip der positiven *Verstärkung* von erwünschtem Verhalten.

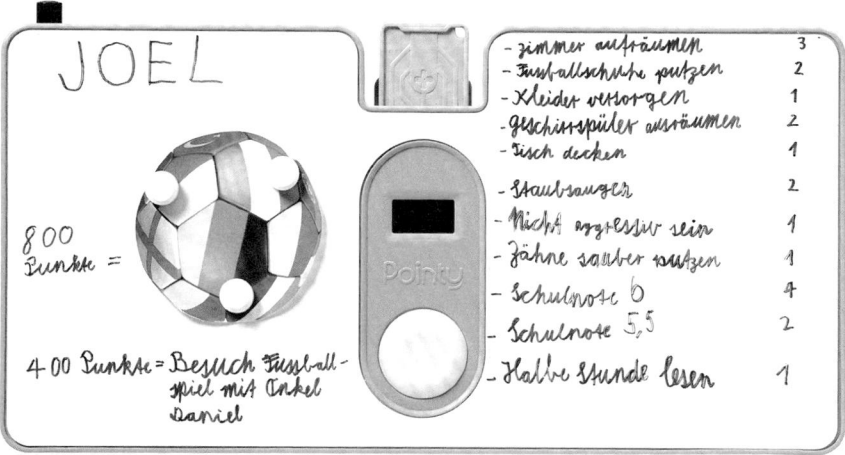

Pointy© (www.pointy.ch)

So geht's: Auf der weißen Oberfläche können Stichworte aufgeschrieben werden wie: »Hausaufgaben«, »Staubsaugen«, »zu Bett gehen«, also Pflichten, die täglich anfallen. Aber auch z. B. Verhaltensregeln wie: »Keine Beleidigungen« oder »Keine Grobheiten gegen den Bruder«.

Das Erfüllen der Abmachungen wird mit Punkten belohnt: Wichtiges gibt mehr Punkte, Kleinigkeiten weniger. Diese Punkte können in den Pointy© eingegeben und gesammelt werden. Ist das vorher einprogrammierte Ziel (z. B. 100 oder 200 Punkte) erreicht, kann sich das Kind einen Wunsch erfüllen.

Bei Kindern aus dem Autismus-Spektrum ist die Arbeit mit *Verstärkersystemen* sehr hilfreich. Diese Kinder lernen anders als andere Kinder, insbesondere wenn es um soziales Lernen geht. Das Kernproblem liegt darin, dass sie eine egozentrische Sicht der Dinge haben und fremde Meinungen und Anweisungen oft schlecht akzeptieren können. Dies führt unweigerlich zu Konflikten und damit zu Stress und Ärger. Ist erst einmal ein Konflikt entstanden, verbunden mit entsprechenden Emotionen, dann steigert sich der Egozentrismus des Kindes noch mehr und mit Diskutieren und/oder »Schimpfen« ist erst recht nichts mehr zu erreichen. Verstärkersysteme sind sehr hilfreich, um eine solche Dynamik zu durchbrechen. Die Grundidee besteht darin, dass nicht an die Einsicht des Kindes appelliert wird. Im Endeffekt hält sich das Kind nicht an bestimmte Regeln, weil es diese einsieht, sondern weil es sich damit einen Vorteil verschaffen kann.

Verstärkersysteme funktionieren bei Kindern aus dem Autismus-Spektrum eigentlich immer. Allerdings gilt grundsätzlich für alle Systeme, die mit Verstärkern (Belohnungen und Sanktionen) arbeiten, dass sie individuell auf das Kind zugeschnitten sein müssen. Wenn ein solches System nicht oder nicht mehr funktioniert, dann muss es nicht abgeschafft, sondern angepasst werden.

Manchmal ist der Einbezug einer Fachperson notwendig, vor allem dann, wenn das System nicht gut funktioniert. Probleme können sein: zu hohe Erwartungen, falsche Anreize, unklare Regeln, die Belohnung lässt zu lange auf sich warten usw.

Strukturierung der Zeit – Arbeit mit dem TimeTimer®

 Der TimeTimer® ist ein nützliches Hilfsmittel, um die Zeit zu strukturieren.

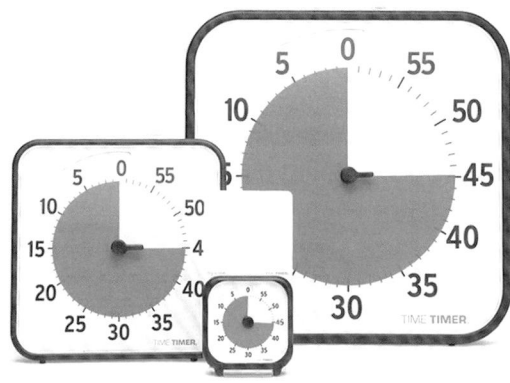

TimeTimer® – vergangene Zeit visuell deutlich machen, Selbstständigkeit fördern (Robo educational toys)

So geht's: Eine rote Scheibe kann bis zu einer Stunde oder einen Teil davon voreingestellt werden und wandert dann im Tempo eines Minutenzeigers zurück gegen Null. Der Anteil von Rot auf der Scheibe zeigt auf einen Blick, wieviel Zeit schon vergangen bzw. wieviel Zeit noch übrig ist. Man kann allenfalls auch ein Signal einstellen, welches bei 0 ertönt.

Kinder aus dem Autismus-Spektrum haben mit zwei verschiedenen Aspekten des Alltags Schwierigkeiten, die beide mit dem TimeTimer® besser angegangen werden können:

Auf der einen Seite betrifft dies das sogenannte Zeitmanagement. Jeder Mensch hat ein sogenanntes Zeitgefühl, das ihm sagt, wie viel Zeit ungefähr vergangen ist. Bei Kindern aus dem Autismus-Spektrum funktioniert dieses Zeitgefühl meist ausgesprochen schlecht. Dies führt zu vielen Konflikten.

In solchen Situationen kann der TimeTimer® eine große Hilfe sein. Eltern und Kind vereinbaren z.B. eine Stunde Computer-Zeit. Gleichzeitig wird der Time-Timer® eingestellt, woraufhin das Kind jederzeit mit einem Blick abschätzen kann, wie viel Zeit ihm am Computer noch zur Verfügung steht. Oder wenn es darum geht, in einer halben Stunde das Haus zu verlassen, wird wiederum der TimeTimer® entsprechend eingestellt und wieder sehen alle auf einen Blick, wie nahe das gemeinsame Verlassen des Hauses schon gerückt ist.

Es gibt noch eine andere Schwierigkeit des autistischen Kindes, welche mithilfe des TimeTimer® besser gehandhabt werden kann. Es betrifft die Schwierigkeit mit Umstellungen von einer Tätigkeit A zu einer Tätigkeit B. Solche Umstellungen kommen jeden Tag dutzende Male vor: vom Schlafen zum Aufstehen, vom Spielen zum in die Schule gehen, vom Spielen zum Hausaufgaben machen, vom Fernsehen zum an den Esstisch gehen usw.

Vor jeder anstehenden Umstellung kann der TimeTimer® – je nach Kind und je nach Situation – auf eine bestimmte Zeit (5 Minuten, 15 Minuten usw.) eingestellt werden mit dem Hinweis, dass nach Ablauf dieser Zeit der Wechsel von A nach B ansteht. Mit Blick auf den TimeTimer® wird dann der Wechsel einfacher zu bewältigen sein als ohne.

Die positive Wirkung des TimeTimer® basiert auf einem Phänomen, das man *Externalisierung* nennt. Es sind dann z. B. nach Ablauf einer Stunde Computer-Zeit nicht die Eltern, die sagen, die Zeit sei um, sondern es ist der TimeTimer®, der das »sagt«.

Falls nötig, kann der Einsatz des TimeTimer® wiederum mit einem Verstärkersystem kombiniert werden. Somit wird dann jedes erfolgreiche Befolgen von Zeitvorgaben nach einer vorgefertigten Abmachung belohnt.

Akustische Werkzeuge

Hilfsmittel wie Gong, Glocke, Klingel usw. sind akustische Werkzeuge. Wir kennen sie aus dem Alltag (Läuten der Kirchenglocken, Pausenglocke in der Schule usw.). Sie bieten – analog zu visuellen Symbolen – gute Möglichkeiten, um direkte persönliche Aufforderungen zu vermeiden.

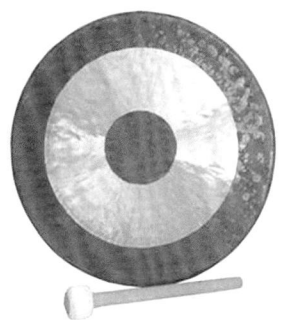 

Mit einem Gong kann man z. B. folgendes mitteilen:

- Zeit zum Essen!
- Haus verlassen! (sonst verpasst Du den Bus)
- Abends: Licht löschen und schlafen!
- usw.

(Hinweis: 1 x, 2 x, 3 x hat unterschiedliche Bedeutungen)

Die Glocke kann bedeuten:

- Computer-Zeit ist zu Ende!
- Zeit zum Zähne putzen!
- Bitte etwas leiser sein!

(Hinweis: längeres oder kürzeres Klingeln hat unterschiedliche Bedeutungen)

Man kann das Befolgen dieser akustischen Signale mit kleinen Belohnungen verknüpfen. Das ist immer dann sinnvoll, wenn es sich um »Problemzonen« handelt.

Erwachsen werden – eine Checkliste

»Erwachsen werden« ist ein Prozess, welcher sich bei Jugendlichen mit ASS über einen längeren Zeitraum erstreckt als bei neurotypischen Jugendlichen und welcher auch später beendet sein wird. Immer wieder beobachte ich, wie Jugendliche oder auch junge Erwachsene mit ASS über elementare alltagspraktische Fertigkeiten *nicht* verfügen.

Spätestens gegen Ende der Schulzeit und mit dem Übertritt ins Berufsleben vor Augen sollten eine Reihe von Kompetenzen geübt werden, die zum Erwachsen-sein gehören. Für eine erfolgreiche Berufsausbildung sind diese Kompetenzen wichtiger als gute Schulnoten und sollen hier stichwortartig aufgelistet werden:

- Selbständig öffentliche Verkehrsmittel benutzen können, zumindest im Nahverkehr;
- Selbst Dinge zum persönlichen Gebrauch einkaufen können wie: Kleider, Duschmittel, Deodorants usw.;
- Sich zumindest eine einfache Mahlzeit zubereiten können;
- Den Überblick über monatliche Auslagen anhand eines Budgets bekommen, in welchem Auslagen aufgelistet sind für: Kleider, Körperpflege, Kosten für ÖV, Zwischenverpflegungen, Genussmittel (?!), frei verfügbares Taschengeld;
- Sich bei Krankheit selbst krankmelden, sei es per Telefon oder Textnachricht;
- Ein Telefongespräch mit einer fremden Person führen können;
- Eine fremde Person um Rat oder Hilfe bitten können, wenn man allein unterwegs ist und ein Problem auftaucht;
- Einzahlungen per E-Finance tätigen und ein Konto verwalten;
- Selbständig den richtigen Zeitpunkt für Bettruhe finden und am Morgen aufstehen, ohne von jemand anderem geweckt werden zu müssen.

> Natürlich müssen die aufgelisteten Kompetenzen nicht alle in kurzer Zeit beherrscht werden. Einiges wird schneller funktionieren und anderes wird mehr Zeit brauchen. Es ist aber außerordentlich wichtig, dass die Eltern sich der Bedeutung dieser Fähigkeiten bewusst sind und rechtzeitig mit Üben beginnen – bei gewissen Dingen schon im Kindesalter.
>
> Es ist eine Tatsache, dass die meisten Menschen mit ASS vor Dingen Angst haben wie: Neues, Unbekanntes, fremde Menschen usw. Im schlimmsten Fall werden aus den zunächst harmlosen Ängsten regelrechte Phobien und v. a. eine soziale Phobie. Dagegen hilft frühzeitiges Üben der angstbesetzten Tätigkeiten.

Umgang mit Emotionen

Was tun bei Panik?

Wenn Jennifer stark gestresst wird, dann verliert sie die Kontrolle und ihr Körper beginnt zu »spinnen«: schreien, schwitzen, zittern, erstarren, die Umgebung beginnt zu schwanken …

Das alles geschieht, wenn Panik entsteht und sich im Körper breit macht. Es beginnt dann ein Teufelskreis: dieser unangenehme Zustand selbst macht einem noch mehr Angst und man denkt vielleicht, jetzt müsse man sterben.

Es ist aber ganz wichtig zu wissen: ein solcher Zustand von Panik ist *sehr unangenehm*, aber er ist *nicht gefährlich!* Er geht von selbst wieder vorbei. Ich muss eigentlich gar nichts tun, im Gegenteil: wenn ich mich gegen diesen Zustand wehre, dann dauert er einfach etwas länger!

Wenn Jennifer will, dass die Panik vorbeigeht, kann sie folgendes tun:

1. Auf ihre Atmung achten. Langsamer und tiefer atmen. So atmen, dass der Bauch sich bewegt und nicht der Brustkorb. Man nennt das Bauchatmung.
2. Gleichzeitig kann sie z. B. innerlich ein Gebet sprechen. Beim Einatmen ein paar Worte, und beim Ausatmen wieder ein paar Worte. Wenn nötig, kann sie das Gebet wiederholen. Bis sie langsam wieder ruhiger wird.

Es ist sehr wichtig, dieses Vorgehen zu üben! Beim nächsten Anfall von Panik wird das wahrscheinlich noch nicht funktionieren. Deshalb braucht es Übung. Eine gute Möglichkeit ist z. B. am Abend beim Einschlafen.

Wenn Dirk mal bedrückt oder gestresst ist – Teil A

 Wenn es Dirk nicht gut geht, er Angstzustände hat oder von der Schule gestresst nach Hause kommt:
Dann braucht er einfach seine 15 Minuten für sich, da er sonst einen Moment lang niemand an sich ran lässt.
Er geht in sein Zimmer.
Nimmt ein Blatt Papier und Stift.
Dann schreibt er seinem Sorgenfresser, was ihn bedrückt oder stresst.

Er legt dann seinen Brief oder Zettel dem Sorgenfresser in den Mund.
Wenn er bereit ist, besprechen wir, was ihn bedrückt.
Danach probieren wir immer gemeinsam, eine Lösung zu finden.
Wir gehen mit ihm laufen oder Rad fahren, weil er so am besten zur Ruhe kommen kann.

Wenn Dirk mal bedrückt oder gestresst ist – Teil B

Dieses Blatt soll mir helfen, besser mit Gefühlen umgehen zu können.

Manchmal bin ich *wütend*. Dann fühle ich mich schlecht und kann mich kaum beruhigen.

Was kann ich *tun*, um mich zu beruhigen?

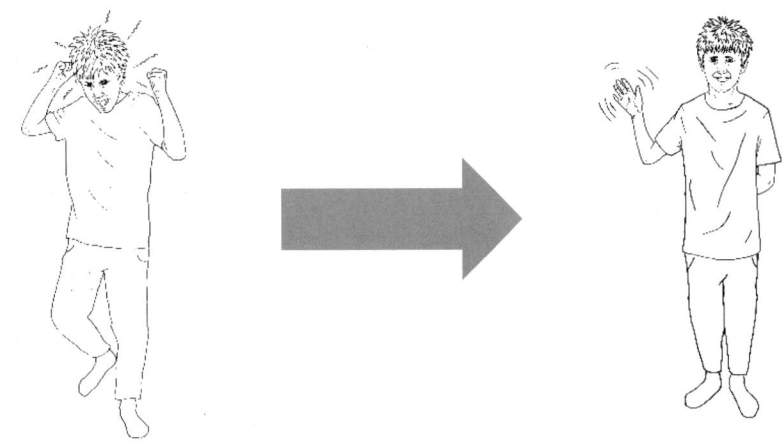

Ich kann .... (z. B. Fahrrad fahren ... mein Lieblingstier in den Arm nehmen ... Musik hören).

Wenn ich .... (z. B. Fahrrad fahre), dann hilft mir das, mich zu beruhigen.

103

Umgang mit Emotionen

An was kann ich *denken*, um mich zu beruhigen?

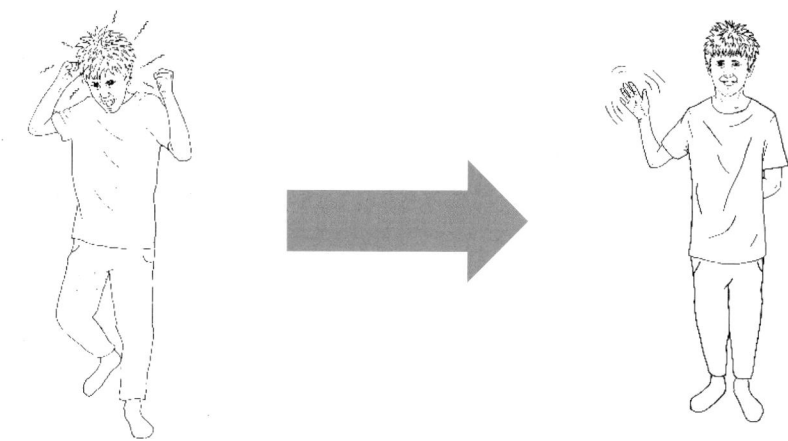

Ich kann .... (z. B.: ... langsam bis 20 zählen ... an das nächste Wochenende denken ... an meinen Lieblingsfilm denken ... usw.) denken.

Wenn ich .... (z. B. langsam auf 20 zähle), dann hilft mir das, mich zu beruhigen.

Dieses Blatt kann von Eltern und Kind oder Therapeut/in und Kind gemeinsam besprochen und ausgefüllt werden. Es kann mit Bildern ergänzt werden, die dem Kind helfen, sich durch positive Gedanken zu beruhigen.

Wie gehe ich mit Wut um?

Wut ist ein sehr unangenehmes Gefühl im Bauch. Es wird stärker, je wütender ich bin. Alle Menschen kennen das. Manche bekommen auch Herzklopfen oder schwitzige Hände. Manchmal geht etwas nicht so wie ich mir das vorstelle. Jemand ärgert mich, ich verstehe die Hausaufgaben nicht, ich muss mein Zimmer aufräumen, beim Fahrrad funktioniert das Licht nicht usw. Manche Sachen ärgern mich ein wenig, andere machen mich sehr wütend. Manchmal bin ich auch einfach mürrisch oder schlecht gelaunt, ohne so recht zu wissen, warum.

Wut hilft mir aber nicht weiter. Sie kann das Problem nicht lösen. Im Gegenteil. Wenn ich wütend oder ärgerlich bin, finde ich erst recht keine Lösung. Und wenn ich erst einmal so richtig wütend bin, ist es oft schwierig, mich wieder zu beruhigen. Dabei kann mir das Wut-Thermometer helfen. Das ist sehr klug, denn es hilft mir auch, mich bei einem kleinen Ärger rasch wieder zu entspannen. So wird die Wut erst gar nicht so schlimm. Das Wut-Thermometer teilt die Wut ein von »ärgerlich« bis »richtig wütend«.

Am besten ist es, mich vom Ärger oder Wut abzulenken. Das mache ich so:

Wenn ich **ärgerlich** bin: ....
(*z. B. atme ich dreimal tief durch*)

Wenn ich **mürrisch, »muff«** bin: ....
(*z. B. ... gehe ich aus dem Zimmer und spiele zehn Minuten mit Lego oder höre eine Geschichte/Musik*)

Umgang mit Emotionen

Wenn ich wütend bin: ....
(z. B. ... gehe ich ins Freie und renne zehn Runden oder fahre mit dem Fahrrad)

Wenn ich **sehr** wütend bin: ....
(z. B. ... gehe ich ins Zimmer, ziehe mich zurück und spiele zur Ablenkung 30 Min. ein PC-Spiel/Nintendo, oder schaue eine kurze, evtl. aufgezeichnete Sendung am TV)

Wenn ich mich wieder beruhigt habe, finde ich auch meist eine Lösung für mein Problem. Ich kann mich auch in Ruhe mit meinen Eltern oder Freunden besprechen. Manchmal löst sich ein Problem auch von allein.

Immer wenn ich mich beruhigen kann, bekomme ich dafür eine Belohnung, z. B. ein bestimmter Betrag an Familien-Geld.

Ich bin traurig

Was kann ich *tun*, um mich besser zu fühlen?

Ich kann ....
(*z. B. ... mein Lieblingstier in den Arm nehmen ... Musik hören usw.*)

An was kann ich *denken*, um mich besser zu fühlen?

Ich kann ....
(*z. B. ... an den Besuch im Europapark denken ... mich auf das Wochenende freuen*)

Umgang mit »giftigen« (negativen) Gedanken

Erster Schritt: Giftige Gedanken erkennen
Wir alle haben Gedanken, die uns ganz automatisch durch den Kopf gehen. Diese Gedanken können uns Positives oder Negatives über uns erzählen und sie können einen großen Einfluss auf unsere Gefühle haben. Negative Selbstgespräche führen zu Sorgen, Traurigkeit, Wut, Hoffnungslosigkeit. Positive Gedanken hingegen erfüllen uns mit Hoffnung, Zufriedenheit und guten Selbstbewusstsein.

Notizen machen
Es ist sehr wichtig, sich bewusst zu werden, welche negativen Gedanken man selbst häufig hat. Dies ist der erste Schritt, um sie zu verändern. Du kannst in die untenstehende Tabelle Einträge machen, die Dir helfen, Deine negativen Gedanken zu erkennen. Auch kannst Du sehen, wie oft Du solche Gedanken hast und in welchen Situationen.

Datum	Zeit	Wo bist Du? Was machst Du?	Negativer Gedanke
17.04.20	07:00	Zuhause, ich suche meine Schulsachen	Ich bin ein Chaot!
20.04.20	12:00	Im Esssaal, ich suche einen freien Platz	Niemand mag mich!

Wenn Du viele Einträge gemacht hast, dann wirst Du mit der Zeit Zusammenhänge erkennen: welche Situationen erzeugen welche negativen Gedanken?

Zweiter Schritt: Medizin gegen giftige Gedanken herstellen
Durch bewusstes Üben kannst Du Deinen giftigen Gedanken, Deinen negativen Selbstgesprächen, etwas Positives entgegensetzen. Viele glauben, dass ihre negativen Selbstgespräche der Wahrheit entsprechen. Aber tatsächlich sind diese giftigen Gedanken die Folge von Missverständnissen, Übertreibungen und falschen Vorstellungen. Wenn Du Deine giftigen Gedanken veränderst, kannst Du Deine ganze Haltung verändern und ein besseres Selbstbewusstsein entwickeln.

Umgang mit Emotionen

Notizen machen
Der nächste Schritt besteht nun darin, dass Du gegen Deine giftigen Gedanken eine Medizin entwickelst, das heißt, Du ersetzt negative Gedanken durch positive »Gegen-Gedanken« (Medizin). Das ist gar nicht so einfach. Wenn es Dir zunächst sehr schwierig erscheint, dann kannst Du jemanden, dem Du vertraust, um Hilfe bitten. Unten ist eine Tabelle mit zwei Beispielen, um Dir den Einstieg zu erleichtern.

Negativer, giftiger Gedanke	Medizin; positiver Gegen-Gedanke
Ich bin ein Chaot!	Bereit-machen am Vorabend ist wohl schlauer!
Niemand mag mich!	Ich werde einen freien Platz finden!

Dieses Blatt kann von Eltern und Kind oder Therapeut/in und Kind gemeinsam besprochen und ausgefüllt werden. Es kann mit Bildern ergänzt werden, die dem Kind helfen, sich durch positive Gedanken zu beruhigen.

Was mache ich, wenn mir langweilig ist?

Manchmal weiß ich nicht, was ich spielen oder sonst tun soll. Was kann ich tun? Mir ist dann langweilig.

Langeweile ist eigentlich nichts Schlimmes, nur unangenehm. Plötzlich kommt mir eine Idee. Sobald ich wieder etwas tue, ist die Langeweile weg.

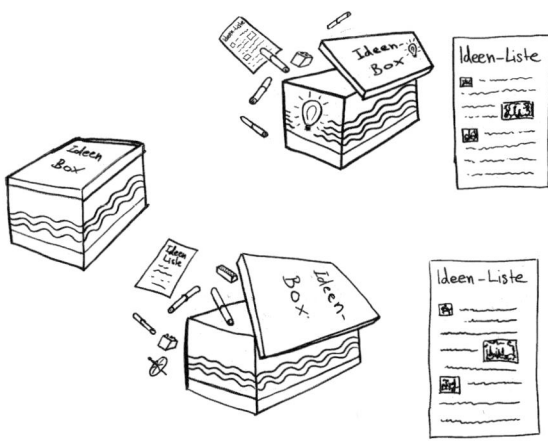

1. Ich bleibe ruhig.
2. Ich frage meine Eltern/Geschwister, ob sie mit mir spielen.

Wenn sie keine Zeit haben, helfen sie mir, eine Idee zu finden:

3. Ich nehme meine Ideen-Box. Dort finde ich die Ideen-Liste mit verschiedenen Vorschlägen.
4. Wenn ich mich nicht entscheiden kann, ziehe ich ein Los.
5. Ich mache für 30 Minuten das, was auf dem Zettel steht. Ich darf mich auch länger damit beschäftigen.
6. Wenn ich nach 30 Minuten nicht weiterspielen möchte, gehe ich wieder zu meinen Eltern.

Wenn ich bei Langeweile ruhig bleibe und mich selbst beschäftigen kann, bekomme ich dafür eine vorher abgemachte Belohnung.

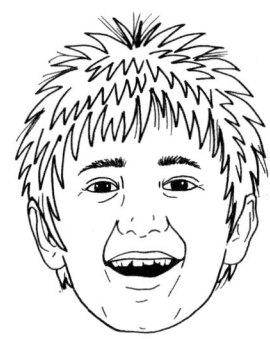

Das Langeweile-Gesetz für Zoë

In der Vergangenheit hatte Zoë immer wieder mit schrecklicher Langeweile zu kämpfen. Deshalb wurden nun folgende Abmachungen getroffen: §

1. Zoë erhält eine Ideen-Box mit vielen guten Ideen darin.
2. Immer, wenn es ihr langweilig ist, kann sie in die Ideen-Box schauen und etwas auswählen.
3. Weil Zoë die Langeweile auch gerne mit ihrem Tablet vertreibt, erhält sie pro Tag drei Tablet-Gutscheine à 15 Minuten. Am liebsten löst sie diese Gutscheine zum Essen ein. (Weil sie zum Essen Ruhe braucht, isst sie in ihrem Zimmer.)
4. Auch DVD-Schauen eignet sich gut zum Vertreiben der Langeweile. Zoë erhält dafür einen Gutschein pro Woche.
5. Jedes Mal, wenn Zoë die Ideen-Box erfolgreich benutzt und sich dann eine halbe Stunde selbst beschäftigt, kann sie einen Tablet-Gutschein zusätzlich gewinnen.
6. Nach 5 x die Ideen-Box erfolgreich benutzen gibt einen zusätzlichen DVD-Gutschein!

Umgang mit Wut

 Zum Thema »Umgang mit Wut« möchte ich Sie auf zwei nützliche Quellen aufmerksam machen:

1. **Das Kinderbuch »Das rote Dings«**
   Dieses Buch ist aus dem Englischen übersetzt (Original: K.I. Al-Ghani: The Red Beast) und beschreibt, wie man lernen kann, mit Wut umzugehen. Dabei wird ein äußerst hilfreicher »Trick« benutzt: die Wut wird als rotes Dings dargestellt, welches sich selbständig macht und dann schlimme Sachen entstellt. Merke: Es ist nicht das Kind, sondern das Rote Dings, welches »böse« ist. Das Ziel für das Kind besteht schlussendlich darin, dieses Rote Dings zu zähmen und wieder zum Schlafen zu bringen.
2. **Die Bildergeschichte »Der wilde Kerl«**
   Diese Bildergeschichte erstreckt sich über vier A-4-Seiten und ist vom Kinderbuch »Das rote Dings« inspiriert. Sie hat aber einen eigenen Handlungs-Ablauf (zu Hause statt in der Schule) und eigene Illustrationen. Sie ist im Zusatzmaterial enthalten.

Beide Quellen dienen als Hilfsmittel, um zusammen mit dem Kind einen Plan zur Verhaltensänderung (Rezept!) zu entwerfen. Dieses Rezept kann – was sehr wichtig ist – nachher an verschiedenen Orten (Familie, Schule, andere Orte) gleichzeitig zur Anwendung kommen.

Das Rote Dings bzw. den Wilden Kerl zähmen

1. Als Ausgangspunkt wird entweder die Geschichte von »Das Rote Dings« oder »Der Wilde Kerl« ausgewählt und mit dem Kind zusammen angeschaut. So können alle Beteiligten in Zukunft die gleiche Sprache benutzen und von dem Wilden Kerl oder dem Roten Dings reden, wenn von Wutausbrüchen die Rede ist.
2. Es wird gemeinsam nach Möglichkeiten gesucht, die geeignet sind, das Rote Dings wieder zum Schlafen zu bringen (Im Zimmer Musik hören, nach draußen gehen und Fahrrad fahren usw.). Das Wut-Thermometer kann dabei helfen, für unterschiedliche Intensitäten von Wut unterschiedliche Gegen-Mittel zu definieren (▶ Ruhig bleiben für Eltern). Bei starker Wut braucht es evtl. mehrere Mittel, die nacheinander zum Einsatz kommen.
3. Für die erfolgreiche Zähmung des Roten Dings oder des Wilden Kerls wird im Voraus eine Belohnung abgemacht.
4. Es kann hilfreich sein, wenn das betreffende Kind mit den Eltern und Lehrpersonen (und evtl. weiteren Bezugspersonen) ein *Zeichen* abmacht. Das Zeichen bedeutet: Vorsicht, das Rote Dings ist los, jetzt sofort Gegen-Maßnahmen treffen (siehe Punkt 2).
5. Für das betroffene Kind wird nun ein »Rezept« erstellt, auf welchem die hier aufgezählten Elemente kindsgerecht umgesetzt werden.

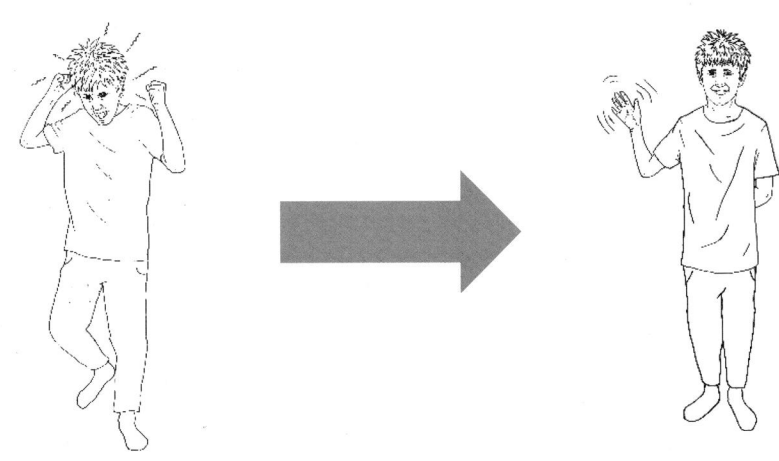

Kommunikation

Miteinander reden – Teil A

Wenn zwei miteinander reden, nennt man das ein Gespräch. Ein gutes Gespräch führen ist nicht einfach. Man muss dem anderen gut zuhören und sich beim Reden abwechseln. Im ersten Beispiel funktioniert das nicht. Im zweiten Beispiel sieht man, wie es besser geht.

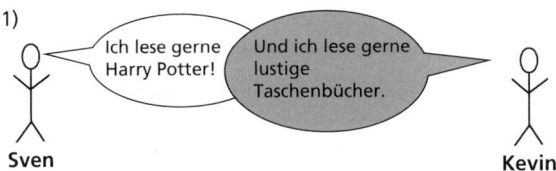

Sven war noch nicht fertig mit reden, da hat Kevin ihn bereits unterbrochen. Kevin war ungeduldig. Und Sven denkt: »Der hört mir ja gar nicht zu!«

Ein guter Zuhörer wartet. Diesmal hört Kevin gut zu und redet erst, wenn er an der Reihe ist:

Miteinander reden – Teil B

 Kinder im Autismus-Spektrum haben unter anderem im sozialen Austausch Schwierigkeiten, das sich besonders deutlich beim Sprechen zeigt. Zwei Extreme können sein: Monologisieren oder Schweigen – oder: der anderen Person ins Wort fallen. Es fehlt das natürliche Gefühl der Gegenseitigkeit bzw. Wechselseitigkeit. In der Gebrauchsanweisung auf der vorangegangenen Seite wird dies illustriert. Sie dient dazu, dem Kind das Problem gut erklären zu können.

Üben
Um Fortschritte machen zu können, ist allerdings praktisches Üben im Alltag sehr wichtig. Dazu folgender Vorschlag:

- Man wählt in der Familie einen bestimmten Gegenstand, geeignet sind z. B. ein Tennisball, ein kleines Stofftier (z. B. mit Sand gefüllt), ein Kochlöffel usw. Im Folgenden wird der Ball als Beispiel genommen.
- Der Ball wird nun mit einer magischen Kraft verknüpft: nur wer ihn in der Hand hält, darf reden.
- Reden zu zweit: der Ball wird hin- und her gegeben. Immer wenn jemand fertig ist, gibt er/sie den Ball der anderen Person in die Hand.
- Reden in der Gruppe, z. B. am Tisch: wegen der größeren Distanzen kann der Ball hier jemandem zugeworfen werden, der/die zu Wort kommen will und dies durch ein Zeichen zu erkennen gibt.
- Natürlich muss man auch an die Fairness appellieren: niemand behält den Ball zu lange bei sich und wenn sich jemand meldet, bekommt er/sie den Ball auch.
- Das Ganze soll einen spielerischen Charakter haben und nicht mit tierischem Ernst durchgezogen werden. Ein Lerneffekt kann dennoch erwartet werden. Im ganzen Menschen- wie auch Tierreich dient Spielen dem sozialen Lernen.
- Manchmal kann der Ball auch gezielt geholt werden, wenn ein Gespräch blockiert ist oder im Chaos geendet hat.

Der Text-Editor

In Computer-Programmen wie Word oder Outlook gibt es einen sogenannten Text-Editor. Dort kann man Wörter oder auch Sätze speichern, bei welchen man oft Schreibfehler macht. Man speichert den fehlerhaften Text und der Editor ersetzt diesen automatisch durch den richtigen Text.

Beispiele:

Falsch:	Richtig:
Sehr geherte Damen und Herren	Sehr geehrte Damen und Herren
Huete	Heute
Algorhytmus	Algorithmus

Für Menschen mit Asperger-Syndrom ist dieser Text-Editor sinnvollerweise im eigenen Kopf und hilft, »fehlerhafte« Wörter und Sätze durch »richtige« zu ersetzen:

Falsch:	Richtig:
Du bist ein A...loch!	Du bist ein Armleuchter!
Verpiss Dich!	Lass mich bitte in Ruhe!
Ich bringe Dich um!	Ich bin wütend auf Dich!
Ich bin eine Missgeburt!	Ich nerve mich über meinen Fehler!
Wäre ich doch nie geboren worden!	Im Moment bin ich echt verzweifelt!
(...)	(...)

Es ist sinnvoll, selbst eine solche Liste herzustellen. Eine Vertrauensperson kann evtl. behilflich sein.

Kontakte knüpfen

 Die meisten Menschen aus dem Autismus-Spektrum haben den Wunsch nach Kontakten und nach Freunden. So auch Christoph. Dennoch fühlt er sich oft einsam und findet es sehr schwierig, Freunde zu finden. Das hat unter anderem damit zu tun, dass er nicht recht weiß, wie er mit anderen in Kontakt treten soll.

Small Talk
Ein wichtiges Stichwort in diesem Zusammenhang ist »Small Talk«. Das heißt wörtlich »kleines Gespräch«. Überall, wo Menschen sich begegnen, steht am Anfang eine Begrüßung und dann ein Small Talk. Dieser kann aus wenigen Sätzen bestehen oder auch länger dauern.

Üben
Für Christoph ist es wichtig, die Kontaktaufnahme zu üben:

1. Jede bekannte Person, der er begegnet, laut und deutlich mit Namen grüßen. Wenn man gerade keine Zeit hat, dann bleibt es dabei.
2. Wenn man auch nur wenige Minuten zusammen Zeit hat, dann sollte man einen Small Talk beginnen, mit Fragen wie: »Wie geht's?«, »Scheißwetter heute, nicht wahr?« usw.
3. Aus dem Small Talk kann sich jederzeit ein Gespräch entwickeln, wo es um ein Thema geht, das beide Seiten interessiert.
4. Aus gemeinsamen Gesprächen kann sich mit der Zeit der Wunsch nach gemeinsamen Aktivitäten (= miteinander abmachen) entwickeln.
5. Aus gemeinsamen Aktivitäten kann sich eine Freundschaft entwickeln.

Eine weitere gute Übungsmöglichkeit ist:
Ich gehe in irgendein großes Geschäft (z. B. Elektronik-Fachhandel, Kleider usw.), suche mir eine/n sympathische/n Verkäufer/in und stelle ihm/ihr irgendeine Frage (kann auch erfunden sein!). Vorteil: Verkaufspersonal ist immer freundlich und wird auf jede Frage eingehen. So kann man ohne Druck üben, wie man ein Gespräch beginnt und weiterführt.

Ein Gespräch aufrechterhalten

Im Folgenden wird beschrieben, wie man Gesprächsführung üben kann. Man benötigt dazu eine Vertrauensperson, welche bereit ist, mit einem diese Übung zu praktizieren. Bei Kindern und Jugendlichen wird dies wohl ein Elternteil sein, bei Erwachsenen eine gute Freundin bzw. ein guter Freund oder auch eine Fachperson.

Die Übung geht so:

- Person 1 wählt irgendein Thema und gibt dazu einen kurzen Input. Das kann ein Sachthema sein oder ein persönliches Erlebnis.
  Beispiel: »Gestern war ich im Kunstmuseum und habe eine Foto-Ausstellung gesehen.«
- Person 2 antwortet darauf, gibt irgendeinen Kommentar ab oder eine Zusatzinformation und schließt dann mit einer Frage.
  Beispiel: »Ah, interessant, ich war noch nie im Kunstmuseum. Wie war die Ausstellung?«
- Person 1 gibt wiederum Antwort, mit einer neuen Information, und lässt wieder eine Frage folgen.
  Beispiel: »Es hat mir nicht alles gefallen, aber ein paar Bilder waren toll, die habe ich dann bei einem zweiten Rundgang etwas länger betrachtet. Was hast denn Du gestern so gemacht?«
  (Zwischenbemerkung: Da Person 1 das Thema gewählt hat, darf sie entscheiden, wann das Thema gewechselt wird!)
- Person 1 antwortet … (usw.)
  Beispiel: »Ich war gestern bei einem Fußball-Match der lokalen Amateur-Liga. War ganz unterhaltsam. Interessierst Du Dich für Fußball?«
- Person 2: »Nicht wirklich. Ich war noch nie an einem Match. Ist das nicht langweilig?«
- usw.

> Dies ist eine einfache, aber wirkungsvolle Übung, um das wechselseitige Gespräch zu üben, wo beide Seiten genügend zum Zug kommen. Man kann das im privaten Rahmen üben oder auch mit einer Fachperson.

Kommunikation – schriftlich statt mündlich!

 Autismus-Betroffene haben diverse Schwierigkeiten mit der Kommunikation, insbesondere in konfliktträchtigen Situationen und wenn Emotionen im Spiel sind.

Deshalb ist es eine gute Idee, in solchen Situationen schriftlich, statt mündlich zu kommunizieren, auch wenn dies ungewohnt ist:

- Mitteilungen wie »Zimmer aufräumen«, »Essen ist bereit«, »Zeit zum Schlafen«, »Computer-Zeit ist abgelaufen« usw. können auf Kärtchen geschrieben und im konkreten Fall vorgelegt werden. Dies wirkt günstiger als eine mündliche Aufforderung.
- Statt Worte kann man auf den Kärtchen auch Symbole und Bildersprache benutzen. Solche Bilder sind sehr einfach im Internet zu finden, können hier leider aus Gründen des Urheberrechts nicht so einfach abgebildet werden. Ein gutes Beispiel, das wohl kaum einem Copyright unterliegt, sind Corona-Hinweise: Bildersprache ist besonders günstig, weil sie sich auf nonverbaler Ebene bewegt und kaum spontanen Widerspruch hervorruft.

- Ein problematisches Thema kann insbesondere mit Jugendlichen z. B. auf WhatsApp behandelt werden. Es sind viel weniger Emotionen im Spiel (oder eben Emojis!) und beide Seiten haben Zeit, sich eine Antwort zu überlegen. Die Interaktion wird sachlicher und langsamer und das ist sehr günstig. Bei gegenseitiger Beruhigung ist ein Wechsel zum direkten Gespräch möglich.
- Erinnerungen an Unerledigtes (auch Mahnungen genannt) können ebenfalls über WhatsApp oder irgendeinen anderen Dienst, auf den man sich geeinigt hat, versandt werden.

Die 5 : 1 – Regel

Mein Sohn jammert so häufig: Das Essen schmeckt nicht, die Kleider sind unbequem, das Gras zwickt, die Lieblingsunterwäsche wurde schon wieder nicht gewaschen, und so weiter. Oft hatte ich deshalb das Gefühl, dass er unglücklich sein muss, wenn er so viel Negatives berichtet.

Neulich hatte ich dazu mit ihm eine Diskussion, als wir nach einem schönen Tag am Abend ins Restaurant gingen. Er beklagte sich über das Essen – und zwar nicht nur einmal, sondern 20 Minuten am Stück, das ganze Essen über. Ich habe ihn gefragt, ob er einen schlechten Tag gehabt habe, da er nur noch Negatives zu berichten hätte. Er verneinte. **Offenbar teilt er mir nur Negatives mit, weil das Positive für ihn ganz einfach nicht erwähnungswert ist!** Wenn sich etwas gut anfühlt, gibt es für ihn keinen Grund, dies zu sagen. Wenn sich etwas nicht gut anfühlt, muss er davon berichten, weil sich daraus ein Handlungsbedarf ergibt. Ist das Essen nicht gut, möchte er etwas anderes essen, sind die Kleider unbequem, möchte er seine gewohnten Kleider anziehen etc. Wenn jedoch etwas als angenehm erlebt wird, ergibt sich ja kein Handlungsbedarf daraus und somit ist es nicht nötig, dies mitzuteilen.

Daraufhin habe ich ihm erklärt, dass es für das Gegenüber so aussieht, als würde er ständig nur Negatives erleben. Eine positive Rückmeldung kriegt man ja fast nie!

Und dann bin ich auf die 5 : 1 Regel gekommen. Diese stammt ursprünglich aus der Paartherapie. Sie besagt, dass es fünf positive Erlebnisse braucht, um ein einzelnes negatives Erlebnis in der Partnerschaft wieder auszugleichen. Wenn diese Balance besteht, dann wird die Beziehung insgesamt als positiv erlebt.

Nun übe ich mit meinem Sohn die 5 : 1-Regel! Nach einer negativen Aussage achten wir darauf, dass fünf positive Aussagen folgen! Auf einer Tafel werden Striche gemacht, die man dann zählen kann.

Ein Mittel gegen das Unterbrechen
Kinder mit ASS haben eine starke Gewohnheit, andere, die gerade am Reden sind, zu unterbrechen. Sie werden dann wiederholt darauf hingewiesen, dies nicht zu tun und zu warten, bis der andere fertig gesprochen hat.

Auf Nachfragen hin habe ich dann irgendwann verstanden, dass etwas Unerwartetes dahintersteckt! Der betreffende Jugendliche hat mir nämlich entgegnet, dass er nicht warten kann, weil er dann befürchtet, in der Zwischenzeit zu vergessen, was er sagen wollte!

Also habe ich ihm vorgeschlagen, sich immer, wenn er etwas Wichtiges zu sagen hat und damit warten sollte, eine Notiz zu machen! Ein Notizzettel als Mittel gegen das Vergessen – das kennt man ja aus anderen Situationen, aber nicht unbedingt in einem Gespräch.

Diese beiden Beispiele zeigen, dass Menschen mit ASS bei gesellschaftlich unerwünschtem Verhalten nicht einfach Ermahnungen brauchen, sondern geeignete Hilfsmittel. Diese geben ihnen die Möglichkeit, dass angemessene Verhalten zu *üben*.

Rund um das Thema Schule

Ein Spektrum von schulischen Optionen

Zum Thema »Schule« wurde an anderen Orten schon viel geschrieben. Meist wird davon ausgegangen, dass Kinder/Jugendliche mit Autismus, wenn immer möglich in eine Regelschule integriert werden sollten, wenn nötig mit zusätzlicher Unterstützung durch Heilpädagoginnen und/oder Assistenz-Personen. Ich bin mittlerweile zu dem Schluss gekommen, dass dies eine gute Option sein kann, aber nicht für alle im Autismus-Spektrum! Grund dafür sind die speziellen Bedürfnisse, die sehr unterschiedlich und vielfältig sein können. Die wichtigsten sind: Eingeschränkte Interessen und eigenwillige Lernstrategien; soziale und kommunikative Schwierigkeiten; sensorische Besonderheiten; fehlende Akquieszenz (▶ Besonderheiten in der Erziehung eines autistischen Kindes).

Von vielen involvierten Personen, sowohl auf Eltern- als auch auf Schulseite, wird nach wie vor davon ausgegangen, dass das betroffene Kind sich in einen gegebenen Rahmen (Regelschule) einfügen und anpassen soll. Dies kann aber langfristig mit so großen Reibungsverlusten verbunden sein, dass wenig schulischer Erfolg resultiert und eine innere und äußere Verweigerungshaltung sich entwickelt.

Ich möchte deshalb eine ganze Reihe von schulischen Optionen vorstellen, die zur Wahl stehen sollten:

1. Integration in eine Regelschule, wenn nötig, mit moderater bis intensiver zusätzlicher Unterstützung (▶ Einleitung). Dies ist vermutlich für die Mehrheit der Betroffenen die richtige Lösung.
2. Besuch einer Sonderschule, v. a., wenn starke Lernschwierigkeiten und/oder Lernbeeinträchtigungen bestehen.
3. Besuch einer Privatschule, welche kleinere Klassen und individuelleres Lernen anbieten kann.
4. Homeschooling: Diese Lösung ist besonders dann eine gute Alternative, wenn ausgeprägte sensorische Besonderheiten bestehen und unweigerlich zu einem Overload (Überreizung) führen, auch wenn die Rahmenbedingungen im Schulhaus noch so wohlwollend gestaltet sind. Es gibt Kinder, die in einer ruhigen und vertrauten Umgebung am besten lernen können. Gerade die Corona-Krise hat gezeigt, dass autistische Kinder das Lernen auf Distanz, im vertrauten häuslichen Milieu, besonders geschätzt haben. Mehrere Eltern haben mir berichtet, dass ihre Kinder während des Lockdowns regelrecht aufgeblüht sind.
5. Hybrid-Schooling: Dies ist eine Wortschöpfung von mir und meint eine Kombination von Homeschooling und »normalem« Schulbesuch. Die Proportionen können bei ca. 50 % zu 50 % liegen oder auch erheblich davon abweichen.

Ich halte diese Option für besonders zukunftsweisend. Mit einer relativ einfachen und zudem kostenneutralen Maßnahme können Vor- und Nachteile von zwei unterschiedlichen Systemen günstig kombiniert werden (genau wie beim Hybrid-Antrieb eines Fahrzeuges). Reines Homeschooling hat den Nachteil der fehlenden täglichen Sozialkontakte, vollumfänglicher Schulbesuch hat den Nachteil des Overloads. Zudem erlaubt es diese Hybrid-Lösung, den allgemeinen Schulstoff in der Schule zu bearbeiten (unter Wegfall bestimmter Fächer) und Lerninhalte, welche die besonderen Interessen des Kindes stark berücksichtigen, individuell zu Hause zu behandeln.

6. Besuch einer Autismus-Spektrum-Spezialschule. In der Schweiz gibt es erste Ansätze zu solchen Schulen, aber in England z. B. gibt es solche Schulen schon seit längerer Zeit und über das ganze Land verteilt. Für eine Minderheit der Betroffenen ist dies die beste Lösung!

Gesetz Nr. 7: Regelmäßiger Schulbesuch

Simon besucht eine Privatschule außerhalb seines Wohnorts. Diese Schule gefällt ihm gut, weil er dort seine besonderen Interessen viel besser einbringen kann als in der Volksschule. Er bekommt dort auch viel mehr persönliche Unterstützung.

Es ist sehr wichtig, dass Simon diese Schule regelmäßig besucht, damit er einen guten Schulabschluss machen kann und später eine Lehre. Wenn Simon es mit der Zeit schafft, täglich ohne fremde Hilfe den Schulweg mit öffentlichen Verkehrsmitteln zu machen, dann ist das ganz wichtig. So kann er später auch den Weg an eine Lehrstelle selbständig bewältigen.

Zurzeit hilft die Mama von Simon noch oft mit, damit der Schulbesuch funktioniert. Immer ist sie für ihn da, wenn er es einmal nicht schafft und zu Hause bleibt. Das kann aber nicht lange so weitergehen. Es ist nämlich sehr wichtig, dass sich die Mama auf ihren Beruf konzentrieren kann. Deshalb machen wir nun folgende Regeln ab:

1. Simon setzt sich zum Ziel, die Schule *regelmäßig* zu besuchen.
2. Simon setzt sich zum Ziel, den Schulweg ohne Begleitung und selbständig mit dem öffentlichen Verkehr zu bewältigen.
3. Wenn es Simon einmal nicht schafft, in die Schule zu gehen, macht er zu Hause etwas Sinnvolles. Da seine Mama berufstätig ist, kann Sie dabei nicht anwesend sein.
4. Wenn Simon einen Schultag bewältigt hat, bekommt er einen Smiley-Kleber. Wenn er es schafft, eine ganze Woche zur Schule zu gehen, bekommt er einen Zusatzkleber. Bei 14 Klebern darf er sich wünschen, was seine Mama mit ihm unternimmt.
5. Die Mama macht mit Simon eine besondere Belohnung ab, für den Fall, dass die Ziele in Punkt 1 und 2 endgültig erreicht werden.

Warum muss ich Hausaufgaben machen?

 Alle Schulkinder müssen Hausaufgaben machen. Hausaufgaben sind wichtig. So übe ich, was ich in der Schule gelernt habe. Ich vergesse den Schulstoff nicht wieder.

Damit ich keine Hausaufgaben vergesse, schreibe ich alles in mein Aufgabenheft.

1. Ich mache die Hausaufgaben möglichst immer als erstes nach dem Mittagessen/ der Schule. Dann habe ich nachher frei und Zeit zum Spielen.
2. Ich mache die Hausaufgaben möglichst immer am gleichen Ort. Der Platz ist aufgeräumt. Nichts lenkt mich ab.
3. Ich lege alles bereit, was ich brauche: Heft, Stift, Gummi, Spitzer …
4. Ich versuche die Hausaufgaben allein zu machen. Erst wenn ich nicht weiterkomme, frage ich meine Eltern.
5. Wenn ich länger arbeiten muss, sind kurze Pausen (ca. 5 Min.) sinnvoll. Ich öffne das Fenster, bewege mich etwas und trinke ein Glas Wasser. So habe ich Energie für das Weiterarbeiten und kann mich wieder besser konzentrieren.
6. Wenn ich fertig bin, räume ich den Platz wieder auf. Alles, was ich für den nächsten Schultag brauche, packe ich wieder in den Schulrucksack.

Wenn die Hausaufgaben gemacht sind, dann gibt das ein gutes Gefühl. Ich bin für den nächsten Schultag gut vorbereitet. Wenn ich meine Hausaufgaben gut erledigt habe, bekomme ich dafür … Superpunkte.

Hybrid-Schooling – ein Plädoyer

Unter Hybrid-Schooling verstehe ich eine Kombination von regulärem Schulbesuch und Homeschooling. Man könnte es auch Teilzeit-Schulbesuch oder Teilzeit-Homeschooling nennen. Mancherorts wird dies bereits praktiziert, aber meist aus der Not heraus. Ein Kind mit ASS wird durch den Vollzeit-Schulbesuch überfordert, es entwickelt psychosomatische Symptome, der Schulbesuch wird notgedrungen reduziert. Manchmal wird eine volle Krankschreibung notwendig.

Das muss nicht so sein. Hybrid-Schooling hat viele Vorteile:

- Man wartet nicht, bis das Kind krank wird, sondern schafft vorbeugend eine gesunde Mischung von Schulbesuch und Zu-Hause-Lernen.
- Die ewigen Konflikte rund um Hausaufgaben gehören der Vergangenheit an. Es gibt für das Kind mit ASS keine Hausaufgaben. Es lernt zwar auch zu Hause, aber unabhängig vom Schulstoff.
- Zu Hause können die individuellen Interessen und Fähigkeiten des Kindes voll genutzt und entfaltet werden, was in der Schule nur begrenzt möglich ist und manchmal überhaupt nicht stattfindet.
- Zu Hause können andere Lernformen in den Vordergrund treten: Lernen anhand von Youtube-Videos, Dokumentarfilmen, Lern-Apps, Museumsbesuchen, Zoobesuchen usw.
- Während der Zeit zu Hause können begleitende Therapien besucht werden, ohne aus dem Klassenverband herausgerissen werden zu müssen: Ergotherapie, Logopädie, Sozialkompetenz-Training, Reittherapie usw.
- Viele Eltern machen sich Sorgen, dass ihr Kind in der Schule zu wenig lernt. Wird dies durch reduzierten Schulbesuch noch schlimmer? Keineswegs! Es ist der Vollzeit-Schulbesuch, welcher in Stress und Verweigerung münden kann und dann trotz Anwesenheit kein Lernerfolg resultiert.

Übungen zu Körper und Geist

Wie kann ich mich entspannen?

1. Setz Dich entspannt auf einen bequemen Stuhl oder ein Sofa und lege Deine Hände auf die Oberschenkel. Atme langsam und ruhig in den Bauch. Du wirst nun nacheinander verschiedene Muskeln ein paar Sekunden anspannen und dann wieder entspannen. Achte während der Entspannung, wie sich das anfühlt.

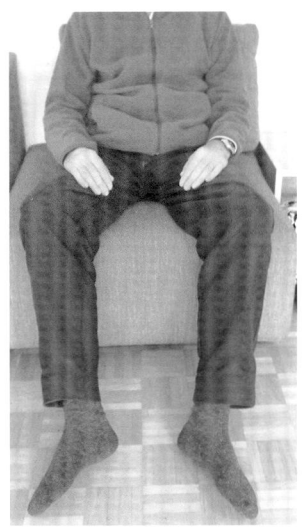

2. Die Übung beginnt bei den Händen. Mach fest beide Fäuste und zähle langsam bis drei. Dann lässt Du die Hände wieder ganz locker und achtest nun darauf, wie sie sich anfühlen (warm? schwer? ein Kribbeln?).

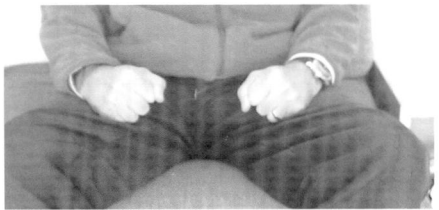

3. Als nächstes machst Du Fäuste und beugst kräftig beide Arme, wiederum für ein paar Sekunden. Nach dem lockerlassen achtest Du darauf, wie sich nun die ganzen Arme anfühlen.

4. Zum Abschluss ziehst Du beide Fußspitzen fest nach oben und entspannst nach ein paar Sekunden wieder. Wie fühlen sich nun die Unterschenkel an?

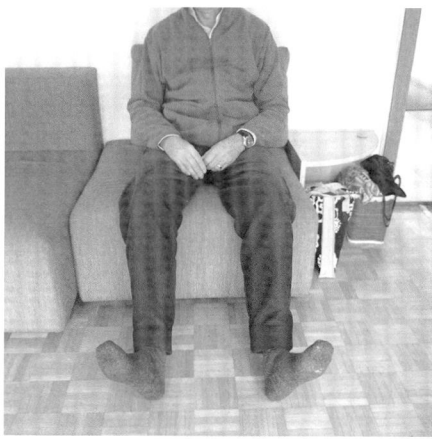

Während der ganzen Übung solltest Du immer ruhig weiteratmen (Bauch-Atmung!). Du kannst die Übung auch mehrmals nacheinander machen oder mit der Zeit auch andere Muskeln mit einbeziehen. Es geht darum, dass Du lernst, Dich ganz auf Deinen Körper zu konzentrieren: 1) die Atmung und 2) das Gefühl der Entspannung.

Entspannung ist die beste Medizin gegen Stress!

Achtsamkeitstraining

Es gibt viele Methoden, um im vorbeugenden Sinn im Alltag Ruhe zu finden und chronischen Stress vorzubeugen. Ich betrachte eine dieser Methoden als besonders hilfreich, sie heißt Achtsamkeitstraining und stammt ursprünglich aus dem englischsprachigen Bereich. Dort heißt sie »Mindfulness Based Stress Reduction« (MBSR). Achtsamkeit hat ihre Wurzeln in der buddhistischen Philosophie und ist so gesehen schon tausende von Jahren alt. MBSR respektiert diese Tradition, geht aber von der Erfahrung aus, dass es hilfreich ist, philosophisch-religiös möglichst neutral zu bleiben, wenn man ein großes Zielpublikum erreichen will. Ein sehr hilfreiches Buch der holländischen Autorin Annelies Spek zu diesem Thema ist nun auch in deutscher Sprache erhältlich: »Achtsamkeit für Menschen mit Autismus« (Spek 2012). Das Buch richtet sich primär an erwachsene Betroffene, es ist deshalb sehr übersichtlich aufgebaut und enthält eine Fülle von sehr praktischen Anleitungen inkl. des Angebots, die Übungen als Audio-Dateien aus dem Internet herunterzuladen. Das Buch ist aber auch sehr gut für Eltern von betroffenen Kindern geeignet, denn Übersichtlichkeit und praktischer Nutzen sind Tugenden, die jedem Ratgeber gut anstehen und die alle Leser schätzen.

Beim Achtsamkeitstraining geht es im Wesentlichen darum, Dinge, die wir routinemäßig im Alltag tun, sehr aufmerksam – eben achtsam – durchzuführen. Das fängt an bei so elementaren »Tätigkeiten« wie: Atmen, Sitzen, Stehen, Gehen, Hören usw. Diese Aktivitäten achtsam durchzuführen, kann man in relativ kurzen Sequenzen (5 Minuten, 10 Minuten usw.) üben. Wichtig ist die Regelmäßigkeit, mit welcher diese Übungen in den Alltag eingebaut werden. Da man diese »Dinge« aber sowieso tut, ist mit diesen Übungen gar kein zusätzlicher Zeitaufwand verbunden, und das scheint mir ein großer Vorteil zu sein. Man kann aber auch etwas komplexere Tätigkeiten achtsam durchführen, wie z. B. Zähneputzen, Händewaschen, Geschirrspülen usw. Achtsam heißt in diesem Zusammenhang, dass ich alle meine Sinne und Gedanken ausschließlich auf diese Tätigkeiten fokussiere und gleichzeitig an nichts anderes denke. Das ist für den Geist sehr erholsam.

Das Achtsamkeitstraining ist sehr hilfreich zur Vorbeugung von chronischem Stress. Es hat aber für Menschen mit Autismus, Asperger-Syndrom oder auch nur einer milden Form derselben noch eine weitere Bedeutung: Achtsamkeit pflegen und praktizieren bedeutet auch, das Denken abzustellen und sei es auch nur für relativ kurze Zeit. Betroffene neigen nämlich dazu, ständig zu denken, zu grübeln und zu analysieren. Das ist sehr anstrengend und oft auch belastend, denn der menschliche Geist hat eine starke Tendenz, an Dingen und Erinnerungen herum zu grübeln, die negativ geprägt sind. Bei Menschen mit Autismus ist dies besonders ausgeprägt.

Der Body-Scan

 Eine sehr einfache und variable Achtsamkeitsübung ist der Body-Scan. Sie kann ein paar Minuten oder wesentlich länger dauern. Je nachdem, wie detailliert die Übung durchgeführt wird.

Das Grundprinzip besteht darin, die Aufmerksamkeit ganz auf den Körper zu richten, und zwar »von innen«. Ich konzentriere mich (in der Regel mit geschlossenen Augen) Schritt für Schritt auf verschiedene Körperteile. Body-Scan heißt die Übung deshalb, weil ich wie ein Scanner den Körper »abtaste« mit meiner Aufmerksamkeit. Normalerweise ist man mit seinem Bewusstsein überhaupt nicht im Körper. So ist es am Anfang eine recht schwierige Aufgabe, sich auf seinen linken Fuß zu konzentrieren und diesen zu spüren. Am einfachsten ist es zunächst bei jenen Körperregionen, die in Kontakt mit einer Unterlage sind (beim Liegen: Fersen, Gesäß, Rücken, Hinterkopf, Ellbogen, Hände).

Lege Dich bequem hin, z. B. auf das Bett, schließe die Augen und beginne die Übung z. B. mit dem linken Fuß. Konzentriere Dich auf den linken Fuß, wie er sich anfühlt, wie er die Matratze berührt. Dann wandere mit der Aufmerksamkeit systematisch weiter: zur linken Wade, zum Kniegelenk, zum Oberschenkel, zur linken Po-Backe. Weiter zur linken Rückenhälfte, von unten nach oben, zur linken Schulter, zum linken Oberarm, Ellbogen, Unterarm, Hand.

Dann wechselst Du zur rechten Hand und wanderst die gleichen Schritte auf der rechten Körperhälfte, den Arm hinauf zur Schulter, den Rücken hinunter bis schließlich zum rechten Fuß.

> Dies ist eine der vielen Möglichkeiten eines Body-Scans. Es gibt keine Vorschriften über das genaue Vorgehen. Achte darauf, dass Du Dir am Anfang eher eine kurze Dauer vornimmst und die Übung deshalb auch öfters durchführst. Die Häufigkeit und die Regelmäßigkeit sind viel wichtiger als die Dauer. Es ist wie gesagt eine Übung! Sie soll den Zustand üben, der frei von Gedanken ist. Und diesen Zustand kann man immer und überall erreichen, er ist nicht an eine bestimmte Tätigkeit gebunden.
>
> Am Anfang wird es einem höchstens für ein paar Sekunden gelingen, die Gedanken wirklich abzuschalten. Das macht gar nichts. Schon solche kurzen Momente bringen die Erfahrung mit sich, wie erholsam es ist, an *nichts* zu denken.

Achtsamkeitsübung für Eltern

Wählen Sie eine Aktivität aus, die Sie (fast) jeden Tag ausführen. Es ist wichtig, dass diese Aktivität nicht viel Zeit kostet. Ich nehme zur Illustration ein beliebiges Beispiel und Sie wenden es dann auf eine eigene ausgewählte Aktivität an. Hier als Beispiel das Abwaschen (von Hand!):

Zuerst drehe ich den Warmwasser-Hahn auf, halte die rechte Hand unter das fließende Wasser und warte, bis es heiß wird. Ich fühle das wärmer werdende Wasser auf meiner Haut.

Dann mache ich den Stöpsel in den Ablauf, nehme die Plastikflasche mit dem Abwaschmittel und drücke einen Spritzer ins langsam sich füllende Waschbecken.

Ich beginne mit den Gläsern, lege eines nach dem anderen ins Wasser und achte darauf, dass ja keines kaputt geht. Eines nach dem anderen wird gereinigt, gespült und dann ins Abtropfgitter gestellt.

> Folgen Sie mit Ihrer Aufmerksamkeit immer ganz fokussiert den Handlungen, die Sie gerade ausführen, und den körperlichen Empfindungen, die dabei entstehen. Wenn Sie merken, dass Sie sich ablenken lassen, z. B. durch Gedanken an Dinge, die Sie an diesem Tag erledigen müssen, kehren Sie mit Ihrer Aufmerksamkeit wieder zu Ihrer Aktivität zurück. Das tun Sie immer wieder. Sie werden merken, dass es Ihnen immer leichter fällt, Ihre Aufmerksamkeit bei dem zu behalten, was Sie tun.

Nun lege ich die Teller ins Wasser und während sich der darauf haftende Schmutz im warmen Wasser langsam aufweicht, trockne ich die Gläser eines nach dem anderen ab, ganz konzentriert, es soll ja keines kaputt gehen. Wie schnell ist das nämlich geschehen, wenn man unachtsam etwas zu stark drückt beim Abtrocknen?

Dann wird ein Teller nach dem anderen mit dem Schwamm gereinigt und (…).

Ich beende nun die minutiöse Beschreibung, den Rest können Sie sich selbst vorstellen. Schlussendlich geht es darum, sich bei einer solchen Aktivität, hier dem Abwaschen, so stark auf die Handlung und die damit verbundenen Beobachtungen und Empfindungen zu konzentrieren, dass der Geist davon völlig beansprucht wird und kein Platz für abschweifende Gedanken bleibt.

Hier noch ein paar Ideen, bei welchen Tätigkeiten die Achtsamkeitsübung angewendet werden kann:

- Auf dem Arbeitsweg, sei es im Auto, auf dem Fahrrad, zu Fuß, oder im ÖV. Konzentrieren Sie sich auf alles, was es zu sehen, zu hören und im Körper zu spüren gibt. Denken Sie möglichst an ... nichts!
- Bei anderen Haushaltsarbeiten wie Staubsaugen, Staubwischen, Aufräumen, Wäsche aufhängen, Kochen usw.

Achtsamkeitsübung für Jugendliche

Die folgende Übung soll Dich mit dem Prinzip der Achtsamkeit bekannt machen. Sie ist sehr einfach, braucht keine Vorbereitung, findet zu Hause in Deinem Zimmer statt. Wenn Du willst, kannst Du diese Art von Übung dann auf einen anderen Ort oder eine andere einfache Tätigkeit anwenden. Hier als Beispiel »Mein Zimmer«:

> Setz Dich aufs Bett oder sonst an einen bequemen Ort in Deinem Zimmer. Mache jetzt als Übung eine »Reise« durch Dein Zimmer und sehe Dir alles an, jede Ecke, jedes Möbelstück, die Wände, Bilder an der Wand, den Boden, Dinge, die auf dem Boden liegen, sehe Dir alles schön langsam und der Reihe nach an. Betrachte alles in Deinem Zimmer mit einer Intensität, wie Du das sonst nie tun würdest.
> Während Du alles intensiv betrachtest, kannst Du gleichzeitig darauf achten, ob es irgendwelche Geräusche im Hintergrund, im Rest der Wohnung oder des Hauses oder draußen, rund um das Haus, gibt?
> Während Du gleichzeitig intensiv betrachtest *und* auf Hintergrundgeräusche hörst, kannst Du versuchen, gleichzeitig auch noch Deinen Körper zu spüren, wie Du dasitzt, wie sich die Unterlage anfühlt, auf der Du sitzt. Du kannst darauf achten, ob Dein Körper entspannt ist, so entspannt wie möglich?

Der Sinn dieser Übung ist, dass Du Dich ganz auf Deine Sinneswahrnehmungen konzentrierst und in dieser Zeit an *nichts* anderes denkst. Dass Dein Geist völlig zur Ruhe kommt, und sei es auch nur für ein paar Minuten. Die wirst dann die Erfahrung machen, wie erholsam es ist, an *nichts* zu denken, *nichts* zu tun. Einfach nur da zu *sein*.

Es genügt für den Anfang, wenn diese Übung vielleicht fünf Minuten dauert. Es werden fünf sehr erholsame Minuten sein.

Achtsamkeit für Kinder (1)

 Vorbemerkung: Kinder brauchen als Einstieg in Achtsamkeitsübungen die Unterstützung durch die Eltern. Deshalb ist dies hier eine Gebrauchsanweisung (und kein Rezept) und richtet sich an die Eltern.

1. Wählen Sie eine einfache Tätigkeit, die Ihr Kind gerne macht und zu der es einfachen Zugang hat. Z. B.: Trampolin springen, auf ein Schaukelpferd sitzen, in eine Hängematte liegen, ein Mandala malen, eine Sanduhr betrachten usw.
2. Geben Sie ihm, am Beispiel des Mandalas malen, folgende Anweisungen:
   – Konzentriere Dich ganz fest auf das Malen, die Farben, die Farbstifte,
   – Versuch, an gar nichts anderes zu denken!
   – Schau zu, wie sich eine bestimmte Fläche langsam mit Farbe füllt,
   – Bei der Farbe Blau kannst Du an den Himmel oder andere blaue Dinge denken,
   – Bei der Farbe Rot kannst Du an Tomaten oder andere rote Dinge denken,
   – Bei der Farbe Grün kannst Du an Wiesen, Wälder oder andere grüne Dinge denken,
   – Bei der Farbe Gelb kannst Du an Bananen oder andere gelbe Dinge denken,
   – usw.
3. Betonen Sie, dass die Achtsamkeitsübung jederzeit beendet werden kann, oder auch wieder begonnen werden kann.
4. Versuchen Sie, Feedback zu bekommen. Hat das Kind Momente von »an nichts anderes Denken als an Farben und farbige Dinge« erlebt? Und eventuell auch genossen?
5. Erzeugen Sie keinerlei Erwartungen. Vielleicht funktioniert es mit einer solchen Achtsamkeitsübung, vielleicht auch nicht. Dann war es einfach einen Versuch wert.

Achtsamkeit für Kinder (2) – ein Tier beobachten

- Wähle ein Tier aus, das Du beobachten möchtest. Das kann ein Haustier sein, Deine Katze, Dein Hund, Dein Meerschweinchen. Wenn es in Eurem Haushalt kein Haustier gibt, dann kann es auch irgendein anderes Tier sein.
- Z. B. ein Hund: Beobachte Deinen Hund ganz genau! Es spielt keine Rolle, ob er sitzt, liegt oder schläft. Achte einfach ganz genau darauf, was er macht, wie er atmet, ob mit offenem Maul oder geschlossenem. Wenn er schläft: beobachte wie er ruhig atmet und einfach zufrieden daliegt.
- Wenn er neben Dir liegt, kannst Du ihn streicheln und sein Fell fühlen. Konzentrier Dich einfach ganz fest auf den Hund und denke an nichts anderes. Der Hund ist einfach da. Und du bist einfach da.
- Wenn es in der Familie kein Haustier gibt, kann man die Übung auch draußen machen, mit einem Tier auf dem Bauernhof oder im Tiergarten bzw. Zoo: ein Tier ganz genau beobachten, ohne an etwas anderes zu denken! Wenn es geht, für mindestens drei oder fünf Minuten.
- Man kann die Übung auch mit einem ganz kleinen Tier machen, einer Ameise, einer Spinne, einer Schnecke: einfach ganz genau beobachten und an nichts anderes denken.

Tiere beobachten ist beruhigend und tut der Seele gut. Tiere sind unsere Freunde, und wenn wir friedlich zu ihnen sind, sind sie gerne mit uns zusammen. Bei Tieren zu Hause, auf dem Bauernhof oder im Zoo kann es sein, dass sie Dich auch beobachten, während Du sie beobachtest. Vielleicht kannst Du ihnen in die Augen sehen und Dich für einen Moment ganz mit ihnen verbunden fühlen.

Der Zauberstab

 Eine gute Entspannungsübung bietet auch der Zauberstab. Er hilft einem, sich abzulenken und Emotionen wie Ärger, Frust und Stress abzubauen.

Den Stab ein paarmal wenden und dann zuschauen, wie die Glitzerteilchen ganz langsam zu Boden sinken.

Wenn alle unten sind: das Ganze wiederholen!

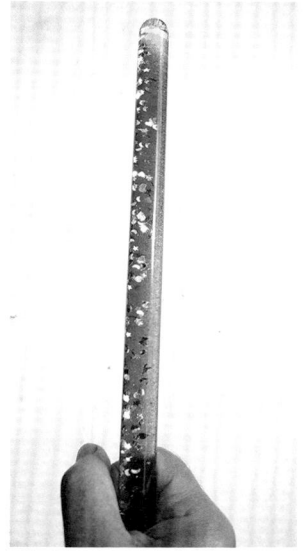

Digitale Hilfsmittel

Bereits heute und noch mehr in der Zukunft wird Lernen mithilfe von Tablets/Apps und Tutorials einen wichtigen Platz in der Schulbildung einnehmen, sowohl innerhalb als auch außerhalb des schulischen Rahmens. Dies gilt ganz besonders auch für die diversen schulischen Optionen, die in diesem Buch für Kinder im Autismus-Spektrum vorgeschlagen werden (▶ Rund um das Thema Schule).

Elektronische Hilfsmittel sind aus folgenden Gründen für Kinder im Autismus-Spektrum besonders gut geeignet:

- Anhand elektronischer Hilfsmittel kann das Lernen maximal individualisiert werden. Dies gilt sowohl in Bezug auf die Inhalte als auch in Bezug auf das individuelle Lerntempo.
- Das individuelle Lerntempo ist besonders wichtig, weil Kinder mit ASS manchmal scheinbar »einfache« Dinge auf Anhieb nicht verstehen und länger dabei verweilen müssen (Probleme mit *Neuem*).
- Kinder mit ASS haben manchmal Sprachverständnisprobleme. Sie können beim Lernen mit elektronischen Mitteln Nicht-Verstandenes »zurückspulen« und nach Belieben noch einmal ansehen/hören.
- Es sind jederzeit individuelle Pausen möglich.

Es wird immer wieder betont, beim schulischen Lernen könne das Zwischenmenschliche nicht einfach ausgeklammert werden. Die Interaktion mit Lehrpersonen und Mitschülern sei entscheidend für Lernerfolg!

Das ist selbstverständlich richtig und soll nicht infrage gestellt werden! Es ist dabei allerdings wichtig, zwischen dem eigentlichen Vermitteln des Lerninhaltes einerseits und dem Verstehen/Verarbeiten anderseits zu unterscheiden. Ersteres gelingt Kindern mit ASS besser auf »elektronischem« Weg. Ist der Lerninhalt aber einmal vermittelt, dann kann nachher die Interaktion mit anderen Menschen besonders fruchtbar genutzt werden. Alles, was noch unklar ist, kann dann gefragt und geklärt werden.

Ein weiteres Anwendungsgebiet von Apps ist die Organisation von täglichen Aufgaben und Pflichten. Das nächste Werkzeug »Familienorganisation« soll dazu einfach ein Beispiel sein und nicht eine konkrete Empfehlung. Es kann auch eine ganz gewöhnliche Kalender-App sein.

Entscheidend ist: tägliche Pflichten und Aufträge werden nicht »mündlich« übermittelt oder angemahnt, sondern ganz neutral, auf einer To-Do-Liste.

Familienorganisation:
Notion – The all-in-one-Workspace

Wir verwenden für die Familienorganisation ein digitales Hilfsmittel (www.notion.so).

Täglich um 09:00 Uhr findet eine gemeinsame Familienkonferenz statt. Alle, die im Haus anwesend sind, nehmen daran teil. Das »Meeting« hat immer den gleichen Ablauf und die gleichen vier Fragen. Eine Person macht ein kurzes Protokoll, dieses ist in einer digitalen App verfügbar. Alle Familienmitglieder haben darauf Zugriff. Hier ein Bespiel:

Tagesplan

Created	Jun 19, 2020 9:10 AM
Last Edited Time	Sep 20, 2020 6:49 AM
Type	Standup
Created By	Christian Kehl
Participants	Jesper Kehl, Milo Kehl, Christian Kehl
Stimmung	Okay, gut
Date	Jun 19, 2020
Eintrag von	Christian Kern
Tags	Daily

Was haben wir gestern gemacht?

- Jesper: Schach
- Jesper mit Toni eine Kugel geformt

Zuerst werden einige administrative Daten erfasst, wann, wer ist anwesend, wer führt Protokoll, ... Es wird auch immer die aktuelle Gemütslage der Teilnehmer erfasst. Danach beantworten wir die immer gleichen vier Fragen:

Was haben wir gestern gemacht?	• Besuch auf dem Schloss Lenzburg
Was machen wir heute?	• Nils kommt zu Mittagessen • Deutsch • Schach • Hühnertagebuch schreiben

Mögliche Hindernisse?	• Jesper und Manuel haben Streit
Welche Aktionen sind geplant?	• Schach • Deutsch • Hühnertagebuch

Am Schluss werden die geplanten Aktivitäten erfasst (Welche Aktionen sind geplant?) und sobald eine Aktion erledigt ist, kann der oder die zuständige Person diese in der App ankreuzen. So ist immer klar, was zu erledigen ist und wer schon was gemacht hat.

Programmieren für Kinder

Immer wieder taucht in Beratungsgesprächen die Frage auf: »Was soll ich tun? Mein Sohn würde am liebsten von morgens bis abends pausenlos »gamen« – es ist ein ständiger Kampf!«

Natürlich braucht es Regeln und Grenzen zum Gamen – und solche durchzusetzen wird mit zunehmendem Alter der Betroffenen immer schwieriger.

Ich bringe deshalb regelmäßig noch einen anderen Aspekt in die Diskussion. Ich rate den Eltern, eine Vereinbarung anzustreben, in welcher die Spielzeit verdient werden muss – mit Programmieren-Lernen! Die Argumentation ist: »Wenn Du Computer-Spiele so attraktiv findest, dann musst Du auch lernen, selbst solche herzustellen! Dabei lernst Du etwas äußerst Nützliches, das später in einen Beruf münden kann!«

Was viele Eltern nicht wissen: Das Programmieren-Lernen ist ca. ab Kindergartenalter möglich. Hier zwei Beispiele:

Scratch

»Mit Scratch kannst du deine eigenen interaktiven Geschichten, Spiele und Animationen programmieren und deine Kreationen mit anderen in der Gemeinschaft online teilen.«

Scratch hilft jungen Leuten, kreativ zu denken, systematisch zu schlussfolgern und miteinander zusammenzuarbeiten – grundlegende Fähigkeiten für das Leben im 21. Jahrhundert.

Scratch ist ein Projekt der Lifelong-Kindergarten-Group am Media-Lab des MIT. Es wird frei von jedweder Gebühr angeboten.« (Zitat aus der Homepage) (https://scratch.mit.edu)

ScratchJr

Während »Scratch« für Kinder und Jugendliche von 8–16 Jahren empfohlen wird, kann »ScratchJr« bereits von der Altersgruppe zwischen 5–7 Jahren benutzt werden. Es kann auf Tablets heruntergeladen werden und ist somit für Kinder dieses Alters auch punkto Hardware besser geeignet als Scratch.

Swift Playgrounds

Eine App für Kinder, um spielerisch programmieren zu lernen.

Apps für schulisches Lernen

 Im Folgenden sollen einige Beispiele für nützliche Apps aufgezählt werden, ohne dass diese Liste auch nur im Entferntesten Anspruch auf Vollständigkeit oder »Beste Auswahl« hätte. Sie soll allen Interessierten lediglich eine Anregung sein. Solche elektronischen Lernmittel sind auch ausgesprochen eine Geschmackssache und alle müssen selbst herausfinden, was zu ihnen bzw. ihren Kindern passt.

Fremdsprachen

- Rosetta Stone (https://www.rosettastone.de)
- Duolingo (https://de.duolingo.com)

Verschiedene Schulfächer

- Anton (https://anton.app)
- Antolin (https://antolin.westermann.de)
- Khan-Academy (https://de.khanacademy.org)

Mathematik

- GeoGebra Mathe Apps (https://www.geogebra.org)

Youtube
Der Youtube-Kanal darf in dieser Auflistung nicht fehlen! Man findet dort unzählige sogenannte »Tutorials«. Sie können schulische Themen im engeren Sinn abhandeln, oder nützliche praktische Tipps und Anleitungen liefern, wie z. B.: »Wie wechsle ich am iPhone 5S selbst den Akku aus?« oder »Was bedeutet Asperger-Syndrom?«

Therapie für den Alltag

Es gibt im Alltag von Kindern im Autismus-Spektrum Probleme, die sich nicht einfach mit einem Gesetz regeln lassen. Typischerweise ist bei diesen Problemen Angst mit im Spiel. Wenn dies der Fall ist, dann ist ein »therapeutisches« Vorgehen angesagt. Das heißt aber nicht automatisch, dass nun professionelle Hilfe aufgesucht werden muss.

Ich möchte hier ein Konzept vorstellen, welches ich in meiner Praxis oft benutzt habe, und bei welchem die Eltern die wesentliche Verantwortung haben und nicht ein Psychiater/Psychologe/Therapeut.

Dies hat damit zu tun, dass bei Kindern im Autismus-Spektrum die Fähigkeiten, Inputs aus einer Therapiestunde in den Alltag umzusetzen, sehr limitiert, wenn nicht fehlend sind. Die Therapie besteht schlussendlich aus praktischem Üben im Alltag mit schrittweisen kleinen Fortschritten.

Dies soll am Beispiel »Das Schlaf-Projekt für Flip« illustriert werden. Im Zentrum des Konzepts steht ein A4-Dokument im Mind-Map-Stil, wo alles Wesentliche mit Bildern und kurzen Texten aufgeführt ist:

- Ein Bild von »Flip« sowie ein Kurzportrait.
- Das Ziel und der Titel des Projekts.
- Antworten auf die Frage: Was bringt mir das?
- Das Aufzählen von wichtigen Helfern, die zum Erfolg beitragen können.
- Eine geeignete Feier oder ein sonstiger Anlass, mit welchem das Erreichen des Ziels gebührend honoriert wird. Da es sich allerdings um ein Projekt handelt, bei welchem das Kind eine wesentliche Eigenmotivation mitbringt, muss bei diesem Anlass nicht ein großer Anreiz im Sinne einer »fetten« Belohnung im Vordergrund stehen. Wichtig ist die Anerkennung des erreichten Ziels!
- Der Abschnitt »Üben« ist im Grunde genommen der Kern des Ganzen. Ein angstbesetztes Thema (allein schlafen) soll durch tägliches Üben mit kleinen Fortschritten behutsam angegangen werden. Die Angst wird durch kleine Erfolgserlebnisse langsam abgebaut – und genau dies ist mit *therapeutischem* Vorgehen gemeint.

Das Beispiel »Das Schlaf-Projekt für Flip« ist als einfache Vorlage mit wenigen Bildern in Schwarz-Weiß illustriert. Bei eigener Anwendung können die Kästchen farbig unterlegt und auch mit farbigen Bildern attraktiver gestaltet werden.

Das Schlaf-Projekt für Flip

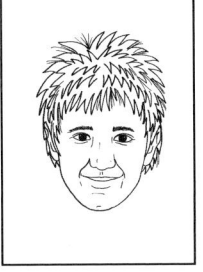

Portrait:

Ich heiße Flip und bin zehn Jahre alt.

Hobbies: Pokémon-Karten sammeln

Lieblingstier: Delfin

Lieblingsfarbe: blau

Das kann ich gut:
Bis einer Million rechnen.

Mein Ziel:

Die ganze Nacht im eigenen Bett schlafen

Was bringt mir das?
- Mehr Selbstvertrauen!
- Besseren Schlaf!
- Ich kann stolz auf mich sein!

Mein Projekt hat als Titel:

„Im eigenen Bett ist es nett!"

Meine Helfer
- Mama
- Papa
- Mein Lieblingsstofftier, der Delphin

Wenn ich mein Ziel erreicht habe, machen wir ein Familien-Fest mit Filmabend, Popcorn und vorher gibt es mein Lieblingsessen: Hamburger, Pommes-Frittes und Schokoladenkuchen.

Meine Kraftfigur: Der Delfin

Üben
- Ich gehe jeden Abend zunächst in mein eigenes Bett und versuche dort einzuschlafen.
- Wenn ich nachts aufwache, denke ich an die Delfin-Geschichte und versuche, wieder einzuschlafen.

Im Notfall gehe ich ins Eltern-Schlafzimmer, wo ich meine eigene Not-Schlafstelle habe.

Lerngeschichten

 Das Konzept von Lerngeschichten kann verschiedene Formen annehmen und geht zurück auf die »Comic Strip Gespräche« von Carol Gray, welche auch die Comic-Strip-Gespräche kreiert und die Broschüre »Der sechste Sinn« geschrieben hat (▶ »Der sechse Sinn« – Antworten für Mitschüler).

Lerngeschichten sind kleine Geschichten, die dem Kind mit ASS helfen, eine soziale Gegebenheit bzw. Regel besser zu verstehen und die Perspektive von anderen Beteiligten einzunehmen.

In »Der Diebstahl – eine Lerngeschichte« auf den folgenden Seiten wird eine solche Geschichte erzählt. Das Besondere daran ist, dass die beiden Geschwister, die die Geschichte zusammen geschrieben haben, Bilder mit Playmobil-Figuren zur Illustration mit einbeziehen.

Ausgangspunkt ist ein Junge mit ASS, welcher in Schwierigkeiten gerät, weil er etwas zu sich nimmt, das nicht ihm gehört. Der Junge ist ein leidenschaftlicher Sammler und hat zu Hause schon viele Dinge zusammengetragen. Das meiste hat er irgendwo gefunden oder eben mitgenommen, ohne zu fragen. Ihm ist nicht klar, wo denn der Unterschied ist zwischen einem Tannenzapfen, den er aus dem Wald mitnimmt, und einem schönen Bleistift, welchen er in der Schule im Materialschrank »gefunden« hat.

Noch viel weniger klar ist dem Jungen, was das, was wir als »stehlen« bezeichnen, für weitreichende Folgen haben kann.

Da ist einerseits das Mädchen, welches sein geliebtes Buch vermisst und es ganz schlimm findet, dass es jemanden gibt, der es ihr wegnimmt. Sie ist zunächst sehr traurig über den Verlust und anschließend wütend auf den Jungen. Es kann lange gehen, bis sie ihm dies verziehen hat.

Aber da ist ja auch noch eine weitere Folge: Wenn in Zukunft in der Schule irgendetwas verschwindet, wird automatisch der Gedanke aufkommen: »Das war sicher wieder Lionel!« Und jetzt wird es erst richtig schwierig! Lionel wird sich natürlich ungerecht behandelt fühlen, und das wiederum ist für ein Kind mit ASS besonders schlimm! Er könnte sich für diese Ungerechtigkeit rächen wollen … und der Teufelskreis beginnt.

Der Diebstahl – eine Lerngeschichte

Rosey und Lionel gehen gemeinsam in die 6. Klasse. Sie haben Sportunterricht. Auf dem Weg zur Umkleide sieht Lionel, wie Rosey ihren Freundinnen ein kleines rotgoldenes Buch zeigt. Es gefällt Lionel. Es muss interessant sein, wenn alle Mädchen sich um das Buch so scharren. Es hat so was Geheimnisvolles an sich. Was da wohl drinsteht?

Die Turnstunde beginnt und alle versammeln sich in der Turnhalle.

Lionel will jetzt endlich wissen, was in diesem Buch steht, er meldet sich bei der Lehrerin und will auf die Toilette.

Schnell geht Lionel in die Mädchenumkleide und durchsucht die Tasche von Rosey. Lionel ist aufgeregt, jetzt hat er bald dieses spannende Buch für sich.

Im selben Moment geht Max auf die Toilette und hört etwas in den Umkleiden. Lionel hört jemand draußen auf die Toilette gehen. Sofort rennt er wieder in die Turnhalle.

Etwas später ist die Turnstunde zu Ende. Alle Schüler laufen verschwitzt in die Umkleiden, um sich umzuziehen.

Rosey sieht ihre Turntasche und den offenen Reißverschluss. Sofort sucht Sie nach dem Buch, doch es ist nicht mehr da. Rosey fühlt sich hilflos, traurig und es kommt eine Wut in ihr hoch.

Der Diebstahl – eine Lerngeschichte

Sie meldet es ihrer Lehrerin. Sie ruft alle Schüler zu sich und stellt sie zur Rede. Lionel wird nervös, weil er mit der Situation nicht gerechnet hat.

Es wird ihm eng im Hals.

Max meldet sich und erzählt, dass er in dem Umkleiden beim Toilettengang etwas in den Umkleiden gehört hat. Er zeigt auf Lionel und beschuldigt ihn.

Lionel wird's ganz flau im Magen – er leugnet! Jetzt sehen ihn alle Schüler an. Lionel spürt eine Hilflosigkeit in sich. Am liebsten würde er in ein schwarzes Loch springen. Alle schauen ihn an – die einen sind überrascht, die anderen enttäuscht und geschockt. Die meisten aber sind wütend. Es ist nicht das erste Mal, das Lionel etwas von seinen Schulfreunden für sich nimmt. Er hört wie die anderen tuscheln. Manche schütteln den Kopf. Andere schauen ihn nur wütend an. Lionel fühlt sich bloßgestellt.

Die Lehrerin bittet Lionel um seine Sporttasche. Er gibt sie der Lehrerin. Lionel wird schwitzig und kalt am ganzen Körper.

Die Lehrerin findet das rotgoldene Buch unter Lionels Sportsachen. Jetzt werden die Mitschüler lauter mit ihren Anschuldigungen. Rosey ist wütend und enttäuscht zugleich. Sie hat ihr geliebtes Buch wieder. Rosey kommen die Tränen vor Erleichterung.

Lionel ist eingeschüchtert und bringt, auf die Aufforderung der Lehrerin, nur eine kleinlaute Entschuldigung zustande. Die Lehrerin bittet Lionel sich nach der Schule bei ihr zu melden.

Der Diebstahl – eine Lerngeschichte

Die gesamte Klasse dreht sich weg zum Gehen. Sie ignorieren ihn. Sie reden nicht mehr mit ihm und wenn, nur gemeine Kommentare. Sie wollen nichts mehr mit ihm zu tun haben. Lionel ist allein mit seinem Gefühlschaos. Lionel versteht das Ganze nicht. Warum gibt es so eine so große Reaktion auf so ein kurzes falsches Handeln. Es ist doch nur ein kleines Buch.

Was Lionel nicht weiß, für Rosey ist dieses kleine rotgoldene Buch sehr wertvoll. Rosey hat das Buch von Ihrer Großmutter geschenkt bekommen. In dem Buch sind alle Geschichten die Sie als Kleinkind erzählt bekommen hat, von ihrer Großmutter handschriftlich hineingeschrieben worden. Für Rosey hat dieses kleine Buch einen riesengroßen Wert. Es erinnert sie an schöne Momente und Situationen in Ihrer Kindheit. Deshalb ist es ihr sehr wichtig.

Lionel hat das erst später erfahren und versteht jetzt: Viele Menschen verbinden mit unscheinbaren Sachen, eine Erinnerung oder eine gewisse Gefühlswelt. Deshalb sind solche Dinge oft viel wichtiger als sie für andere scheinen.

Gebrauchsanweisungen von Hans Asperger

 Im Folgenden möchte ich anhand von einigen Zitaten aus Hans Aspergers berühmter Schrift aus dem Jahre 1944 aufzeigen, wie sehr er nicht nur Kinderarzt, sondern auch Pädagoge war. Einige seiner Hinweise lesen sich wie Gebrauchsanweisungen:

Unpersönliche Formulierungen

> »Der Knabe folgte besser, wenn sich die Anordnung scheinbar nicht an ihn als Einzelnen, an ihn persönlich wandte, sondern wenn sie – wenigstens in der sprachlichen Form – allgemein, unpersönlich gehalten war, als *objektives* Gesetz, das über dem Kind sowie über dem Erzieher steht, ausgesprochen wurde (etwa: »*man* macht das so ...«, »jetzt müssen *alle* ...«, »ein gescheiter Bub muss ...« (Asperger 1944, S. 103)

> »Ein anderer pädagogischer Kunstgriff, dass man nämlich die pädagogischen Massnahmen nicht als persönliche Anforderungen, sondern als objektives, unpersönliches Gesetz kundgibt ...« (Asperger 1944, S. 93)

Ich habe dieses Prinzip der unpersönlich formulierten Aufforderungen noch weiterentwickelt, indem ich vorschlage, möglichst viel in schriftlicher Form festzuhalten. Damit wird noch deutlicher, dass diese aufgeschriebenen Gesetze sowohl über dem Kind als auch über dem Erzieher stehen!

Vermeiden von Affekten

> »Das Erste ist wohl, dass alle pädagogischen Massnahmen »mit abgestelltem Affekt« vorgetragen sein müssen; niemals darf der Erzieher zornig werden oder sich ärgern, auch nicht »lieb« oder »kindertümlich« sein wollen. Es genügt dabei aber wahrlich nicht, nur nach aussen hin ruhig zu scheinen, während man innerlich kocht (...), sondern der Erzieher muss wirklich auch innerlich vollkommen ruhig, beherrscht und gesammelt bleiben. Ohne sich dem Kind persönlich aufzudrängen, hat er kühl und sachlich seine Anweisungen zu geben. Hört man etwa dem Unterrichten eines solchen Kindes zu, sieht man, wie ruhig und »selbstverständlich« alles vor sich geht, so könnte es scheinen, das ginge alles »nur so nebenher«, »man liesse das Kind laufen«. Nichts wäre falscher. – In Wirklichkeit braucht die Führung dieser Kinder eine besondere Anspannung und Konzentration, eine besondere Sammlung und innere Sicherheit des Erziehers, die gar nicht leicht durchzuhalten ist!« (Asperger 1944, S. 92)

Einerseits ist ruhigbleiben, »mit abgestelltem Affekt« zu handeln, ein äußerst wichtiger Grundsatz, den es zunächst zu verstehen gilt. Kinder im Autismus-Spektrum haben nicht nur Schwierigkeiten, Gefühle bei sich und anderen richtig wahrzunehmen und einzuordnen, sondern sie haben auch grundsätzlich Mühe, auf die Gefühle der erziehenden Person intuitiv und spontan zu reagieren, im Sinne von: mein Gegenüber wird ärgerlich oder laut → am besten ist es wohl, wenn ich nun einfach mache, was er/sie von mir will …! Nein: so läuft es eben nicht bei einem autistischen Kind. Der Ärger des Gegenübers erzeugt bei ihm Stress, der Stress führt zu Widerstand, und beim unreflektierten Erzieher löst dies noch mehr Ärger aus – ein klassischer Teufelskreis.

Und anderseits betont auch H. Asperger, dass es äußerst schwierig und anstrengend ist, diese unaufgeregte Haltung zu bewahren. Ratschläge wie »Sie müssen halt einfach ruhig bleiben« sind natürlich völlig nutzlos und verkennen, dass eben dieses Ruhigbleiben eine Kunst ist, die schrittweise und geduldig geübt und erarbeitet werden muss.

Lernen von sozialen Gewohnheiten

»Ein weiterer wichtiger Punkt: »normale« Kinder erwerben sich die nötigen sozialen Gewohnheiten, ohne dass ihnen das meiste davon klar zu Bewusstsein kommt – sie lernen unbewusst, instinktiv. Gerade diese über den Instinkt sich abspielenden Beziehungen sind aber bei den autistischen Kindern gestört; diese Menschen sind, krass ausgedrückt, Intelligenzautomaten. Über den Intellekt muss denn auch bei ihnen die soziale Anpassung gehen, sie müssen alles verstandesmässig erlernen. Man muss ihnen alles erklären und aufzählen (was bei Normalen ein schwerer Erziehungsfehler wäre); sie müssen die kleinen Beschäftigungen des Tages wie eine Schulaufgabe lernen und systematisch abwickeln.« (Asperger 1944, S. 103)

Heute setzen wir diese Empfehlungen so um, dass Tagespläne und Wochenpläne aufgestellt werden, an welchen sich die autistischen Kinder orientieren können. Und in den »Gesetzen« sollen zudem immer auch Erklärungen zum Sinn des jeweiligen Gesetzes enthalten sein, die so das verstandesmäßige Lernen unterstützen.

Störung der aktiven Aufmerksamkeit

»Diese *Störung der aktiven Aufmerksamkeit* ist bei den Kindern dieses Typs fast regelmässig zu finden. Es ist also nicht oder nicht nur die landläufige Konzentrationsstörung vieler neuropathischer Kinder zu beobachten, die von allen äusseren Reizen, von jeder Bewegung und Unruhe um sie her von ihrem Arbeitsziel abgelenkt werden. Diese Kinder sind vielmehr von vornherein gar nicht geneigt, ihre Aufmerksamkeit, ihre Arbeitskonzentration auf das zu richten, was die Aussenwelt, in diesem Fall die Schule, von ihnen verlangt.« (Asperger 1944, S. 119)

In diesem Abschnitt weist H. Asperger auf einen wichtigen Unterschied zwischen ADHS (= neuropathische Kinder) und Autismus hin: Kinder mit ASS werden nicht so sehr von äußeren Reizen abgelenkt, sondern es fehlt ihnen die *aktive* Aufmerksamkeit für den präsentierten Schulstoff! Die Lösung besteht u. a. darin, dass individualisierte Lerninhalte präsentiert werden, die sich an den Interessen des Kindes und nicht primär am Lehrplan orientieren.

Sensorische Besonderheiten

»Fast regelmässig finden sich sehr differenzierte Zu- und Abneigungen auf dem Gebiete des Geschmackssinns. (...) Etwas Entsprechendes findet sich auch auf dem Gebiete des Tastsinnes; viele dieser Kinder haben eine bis zu abnormen Graden gehende Abneigung gegen bestimmte Berührungsempfindungen, etwa für Samt, Seide, Watte, Kreide, sie vertragen nicht die Rauhigkeit neuer Hemden, gestopfter Strümpfe, das Schneiden der Nägel bzw. das ja gewiss nicht angenehme Gefühl, das man nach geschnittenen Nägeln hat, ist der Anlass, dass es bei diesen Gelegenheiten zu schweren Szenen kommt. Auch das Wasser beim Waschen ist oft eine Quelle unangenehmer Sensationen und darum Anlass zu Konflikten. (Asperger 1944, S. 124)

Wenn man bedenkt, dass die von H. Asperger beschriebenen sensorischen Besonderheiten erst kürzlich in die internationalen Diagnose-Kataloge aufgenommen wurden, kann man ersehen, wie sehr er ein Pionier war!

Es ist sehr wichtig, immer an die Möglichkeit solcher sensorischer Besonderheiten zu denken, wenn sich im Alltag Schwierigkeiten ergeben, wie sie oben beschrieben sind. Denn solche unangenehmen Empfindungen sind umso schlimmer, wenn noch das Unverständnis der Umgebung hinzukommt!

Der Begriff »Asperger-Syndrom« wurde ursprünglich im Jahre 1981 von Lorna Wing geprägt, einer englischen Kinderpsychiaterin. Sie erhielt – mit fast 40 Jahren Verspätung – Kenntnis von Hans Aspergers Schrift von 1944. Sie hatte bereits Erfahrung auf dem Gebiet des Autismus und erkannte sofort die große Bedeutung dieser Publikation. Denn damit wurde der Grundstein für die Erkenntnis gelegt, dass Autismus ein wesentlich breiteres Spektrum umfasst als bisher angenommen.

1993 wurde die Diagnose »Asperger-Syndrom« in den Diagnose-Katalog der WHO (ICD-10) aufgenommen und soll nun, gut 25 Jahre später, wieder entfernt werden und im Begriff »Autismus-Spektrum-Störung« (ICD-11) aufgehen. Diese Entscheidung ist allerdings unter Fachleuten sehr umstritten. Ich selbst bin der Meinung, dass es Sinn macht, beide Begriffe weiterhin nebeneinander zu verwenden.

Zum Abschluss

Nachwort und Ausblick

Am Anfang dieses Buches wird ausführlich dargelegt, warum Autismus-Spektrum-Diagnosen so wichtig sind als Leitlinie für das pädagogische Vorgehen. Es gibt dabei in Abgrenzung zur sogenannten Normal-Erziehung gewisse Unterschiede und Besonderheiten, die hier abschließend noch einmal auf einen Blick zusammengefasst werden:

- **Unaufgeregtes, von Affekten möglichst freies Vorgehen.**
  Erziehung führt unweigerlich zu Konflikten, und im Zusammenhang mit Autismus sehr schnell zu Stress und Eskalation. Diese gilt es unbedingt zu vermeiden! Das beste Mittel dazu ist, selbst ruhig zu bleiben.
- **Das Kind analog wie einen »Staatsbürger« behandeln.**
  Alles, was wichtig ist, verschriftlichen und visualisieren. Daraus resultieren Tages- und Wochenpläne, »Gesetze«, »Rezepte«, Signalkärtchen usw.
- **Arbeit mit Anreizen und Konsequenzen.**
  Anders als beim neurotypischen Kind müssen auch viele Kleinigkeiten des Alltags mit Anreizen versehen werden, weil fast alles von ungeschriebenen Regeln beeinflusst wird, welche das autistische Kind nicht versteht. Zudem fehlt es diesen Kindern an »Akquieszenz«, also an spontaner Zustimmungsneigung.
  Wenn Konsequenzen notwendig sind (v. a. bei Gewalt gegen Menschen und Sachen), dann sollen diese milder ausfallen als beim neurotypischen Kind und wenn immer möglich im Voraus verbindlich festgehalten worden sein (z. B. mit dem Schema »Zwei Wege«).

Dieses Buch ist auf der Grundlage von langjähriger Erfahrung in der Begleitung und Beratung von Familien entstanden, in welchen eines oder mehrere Mitglieder im Autismus-Spektrum angesiedelt sind. Einige der »Rezepte« und »Gesetze« sind von solchen Familien geschrieben und mir freundlicherweise zur Verfügung gestellt worden. Die Darstellung wurde absichtlich so belassen, dass dies erkennbar bleibt. Die Idee dabei ist, dass andere Familien diese Vorlagen als inspirierend empfinden und – mit Änderungen – eigene Versionen verfassen.

Für diesen interaktiven Vorgang sind einige Vorlagen in diesem Buch auch online verfügbar, über die Website des Verlages (siehe nächste Seite ▶ Kap. »Zusatzmaterial zum Download«) und zum Teil auch über die Website des Verfassers (www.praxis girsberger.ch).

Alle Leser sind freundlich eingeladen, dem Verfasser eigene Vorlagen zu schicken (thomas.girsberger@gmx.net) mit einem Hinweis, ob eine Veröffentlichung erwünscht ist oder allenfalls mit zusätzlicher Anonymisierung.

Falls dieses Buch also eine nächste Auflage erlebt, wird es eine erweiterte Sammlung von »Gebrauchsanweisungen«, »Gesetzen« und »Rezepten« enthalten.

Zusatzmaterial zum Download

Die Zusatzmaterialien[2] sind unter folgendem Link für Sie verfügbar:

 https://dl.kohlhammer.de/978-3-17-043568-1

---

2 Wichtiger urheberrechtlicher Hinweis: Alle zusätzlichen Materialien, die im Download-Bereich zur Verfügung gestellt werden, sind urheberrechtlich geschützt. Ihre Verwendung ist nur zum persönlichen und nichtgewerblichen Gebrauch erlaubt. Jede Verwendung außerhalb der engen Grenzen des Urheberrechts ist ohne Zustimmung des Verlags unzulässig und strafbar. Das gilt insbesondere für Vervielfältigungen, Übersetzungen, Mikroverfilmungen und für die Einspeicherung und Verarbeitung in elektronischen Systemen.

Literatur

Al-Ghani KI (2015) Das rote Dings. Stockelsdorf: LIBELLUS.
Asperger H (1944) »Die autistischen Psychopathen« im Kindesalter, Archiv für Psychiatrie und Nervenkrankheiten 117, Berlin und Heidelberg: Springer. S. 76–136.
Cave K, Riddell C (2010) Irgendwie Anders. Hamburg: Oettinger Verlag.
Elvén BH (2015) Herausforderndes Verhalten vermeiden. Tübingen: dgvt-Verlag.
Gillberg C, Fernell E (2014) Autism pure vs. Autism plus J Autism. Dev Disord 44(12): 3274–6. (doi: 10.1007/s10803-014-2163-1).
Girsberger T (2018) Der wilde Kerl.
Gray C (2013) Comic Strip Gespräche. Illustrierte Interaktionen – Wie man Schülern mit Autismus und ähnlichen Beeinträchtigungen Kommunikationsfähigkeiten vermitteln kann. Stockelsdorf: LIBELLUS Autismusverlag.
Gray C (2013) Der sechste Sinn (II) – Ein Unterrichtsplan zum Thema Autismus. St. Gallen: Autismusverlag.
Hoopmann K (2020) All Cats have Asperger Syndrome. London: Jessica Kingsley Publishers.
McKee D (2004) Elmar. Stuttgart: Thienemann Verlag.
Salber E (2013) Nino (incl. ein Arbeitsheft). Nordhausen: Verlag Kleine Wege.
Schreiter D (2014) Schattenspringer. Stuttgart: Panini Verlags GmbH.
Spek A (2012) Achtsamkeit für Menschen mit Autismus. Bern: Verlag Hans Huber.

6., überarb. Auflage 2022
187 Seiten mit 6 Abb. Kart.
€ 29,–
ISBN 978-3-17-041397-9

Thomas Girsberger vertritt einen modernen Ansatz, der sich im deutschsprachigen Raum allmählich zu etablieren beginnt: Autismus ist keine seltene schwere Behinderung. Autismus ist vielmehr ein relativ häufiges Phänomen mit einem breiten Spektrum von geistig behindert bis hochbegabt, mit milden bis hin zu ausgeprägten Formen. Dies wird mit einem leicht verständlichen Farbschema veranschaulicht. In der 6. Auflage wurde das Schema gemäß der aktuellen diagnostischen Vorgaben nach DSM-5 und ICD-11 erweitert.

Das Buch gibt Antworten auf viele Fragen von Seiten der Betroffenen wie auch der Fachleute: Wie wird Autismus diagnostiziert? Wie entsteht eine Störung des autistischen Spektrums? Welche bewährten Strategien unterstützen im Erziehungs- und Schulalltag? Zur Illustration der Vielfalt von Autismus dienen eine Reihe von Fallgeschichten bzw. Portraits. Zudem sind praktische Anleitungen für Kinder des Autismus-Spektrums sowie für deren Eltern und Therapeuten als ausführliches Arbeitsmaterial zum Download enthalten.

Auch als E-Book erhältlich.
Leseproben und weitere Informationen: **shop.kohlhammer.de**

2023. 181 Seiten mit 10 Abb.
und 2 Tab. Kart.
€ 32,–
ISBN 978-3-17-041826-4

Der Alltag von Menschen im Autismus-Spektrum stellt die Betroffenen, aber auch ihre Eltern und Begleitpersonen vor besondere Herausforderungen und Fragestellungen. Ein besseres Verständnis und darauf aufbauende gezielte Hilfen können die Lebensqualität der Familien verbessern und ein freudvolles und entspanntes Miteinander möglich machen.

In diesem Buch wird die ganz besondere Wahrnehmung von Menschen im Autismus-Spektrum erläutert. Über- und Unterempfindlichkeiten, Regulationsdefizite sowie eine vorwiegend isolierte Wahrnehmungsverarbeitung erschweren die Beobachtungs- und die Imitationsfähigkeiten, das Lernen und besonders das tägliche Miteinander. Die Autorin stellt praxiserprobte Hilfen vor, die nicht vorwiegend reizvermeidend sind, sondern individuell passende Impulse und Stimulationen (Stimmings) anbieten. In fordernden und überfordernden Situationen sollen u. a. gezielte körperliche Regulationen Bindung und Beziehung intensivieren, Entwicklung ermöglichen und vor allem Wohlbefinden, Lebensqualität und Lebensfreude verbessern.

Auch als E-Book erhältlich.
Leseproben und weitere Informationen: **shop.kohlhammer.de**